SANDRA & MARIO KELTER | STEFAN BLASIUS

NICO KOMMT NICHT MEHR NACH HAUSE

EDITION SCHAUMBERG

Über die Autoren:

Sandra und Mario Kelter (Jahrgang 1970 und 1967) wohnen in einem Dorf im ländlichen Saarland. Die autobiografische Dokumentation ist ihre erste Buchveröffentlichung.

Stefan Blasius (Jahrgang 1964) lebt in St. Wendel (Saarland) und hat bislang einen Roman veröffentlicht, ein weiterer steht kurz vor der Fertigstellung. Er hat darüber hinaus Bücher über Personen und Ereignisse der lokalhistorischen Geschichte geschrieben.

Die Deutsche Nationalbibliothek verzeichnet diese Publikation in der Deutschen Nationalbibliografie; detaillierte bibliografische Daten sind über dnd.d-nb.de abrufbar.

Titel- und Buchgestaltung: Tom Störmer
Fotos: Sandra Kelter
Umschlag: istockphoto.com [mdesigner125]
Druck und Verarbeitung: Bookpress.eu
ISBN: 978-3-941095-71-7

Dieses Buch ist Nico gewidmet –
in ewiger Erinnerung.

Wir widmen dieses Buch aber ebenso all jenen,
die das gleiche Schicksal mit uns teilen,
die Kraft und Stärke bewiesen haben,
dies alles zu verarbeiten und wieder am Leben
teilhaben können.

Sandra und Mario Kelter

Inhalt

Nico mit seinem Brüderchen Emil, 2009

Heißt Ihr Sohn Nico Kelter?

5. Oktober 2014

Sonntagabend. Der Abspann des Fernsehkrimis läuft. Das Wochenende liegt in den letzten Stunden. Seit Tagen ist es ungewöhnlich warm für die Jahreszeit. Unbeschwert genießen lässt sich der goldene Oktober freilich nicht. Nico ist seit einigen Tagen spurlos verschwunden, aber das haben Sandra und Mario Kelter erst am Vortag erfahren. Bis dahin sind die beiden davon ausgegangen, dass sich ihr ältester Sohn bei seinem besten Freund Kevin aufhält. Es war nicht ungewöhnlich, dass Nico mal ein paar Tage bei Freunden abhing.

Sandra erinnert sich: Kevin suchte uns auf und fragte, ob Nico zu Hause sei. Jetzt machten sich Mario und ich ernsthaft Sorgen. Wenn Nico nicht bei seinem besten Freund war, wo dann? Er gehe zudem nicht ans Telefon, meinte Kevin. Wir hatten ebenfalls ein paar Mal versucht, ihn zu erreichen, aber sein Handy war ausgeschaltet. Je mehr Kevin erzählte, desto ernster wurden die Sorgen. Nico sei am Freitagabend nicht in der Shisha-Bar erschienen, wo beide seit Kurzem einmal die Woche jobbten. Mario und ich sahen uns ratlos an. Diesen Nebenjob hatte Nico uns verschwiegen, den Grund kannte nur er allein. Etwaige Kränkung ob der Geheimnistuerei wurde von der Sorge verdrängt. Es war nicht Nicos Art, seine Verpflichtungen zu vernachlässigen. Vor einigen Monaten hatte er die Gesellenprüfung als Koch erfolgreich bestanden. Kochen war seine Leidenschaft.

Insgeheim hofften wir, er habe wieder eine Beziehung, die er uns wie seinen Nebenjob verschwieg. Aber würde er deswegen die Arbeit schwänzen? Die Furcht, unserem 19-jährigen Sohn sei etwas zugestoßen, verdrängten wir in diesem Augenblick noch.

In Ruhe ließ uns sein Verhalten wiederum nicht. Wir hörten uns in seinem Bekanntenkreis um, aber Nico blieb unauffindbar.

Niemand hatte ihn seit Wochenanfang gesehen. Da stimmte etwas nicht! Jetzt fuhren wir doch zur Polizei und gaben eine Vermisstenmeldung auf. Wir hatten stets auf eine natürliche Erklärung gehofft. Meistens macht man sich unnötige und übertriebene Sorgen, jedenfalls aus Sicht seiner Kinder. Aber hier lag der Fall anders: Nico war nicht nur erst seit ein paar Stunden verschwunden und kein kleines Kind mehr, sondern 19 Jahre alt, und das war exakt der Grund, weshalb die Polizei, nach unserer Auffassung, den Fall herunterspielte. Es sei nicht ungewöhnlich, dass Jugendliche mal ein paar Tage untertauchen, um ihre Ruhe zu haben, und Nico sei mit 19 Jahren erwachsen und könne tun und lassen, was er wolle. So direkt sagte uns das der Beamte, der die Vermisstenmeldung entgegennahm, zwar nicht, aber so klang für uns der Tenor.

Mario: Untätig herumsitzen und warten, bis sich Nico wieder meldet, oder bis wir erfahren, dass ihm ein Leid zugestoßen ist, gelang uns nicht. Ich hatte den Drang, etwas zu unternehmen und begab mich mit meinem Freund Heiko auf die Suche. Nachbarn hatten Nico letztmals am Ortsausgang auf dem Feldwirtschaftsweg unweit unseres Hauses gesehen. In diese Richtung marschierten wir, suchten den Wegrand bis zum Wald ab und kämmten diesen dann ebenso durch. Wir kletterten in den Ruinen gesprengter Kriegsbunker, aber nach fünf Stunden intensiver Suche brachen wir die Aktion bei Einbruch der Dunkelheit erfolglos ab. Mit einem mulmigen Gefühl kehrte ich nach Hause zurück. Auf der einen Seite war es ein willkommenes Zeichen, ihn nirgendwo leblos aufzufinden, auf der anderen Seite minderte das die Sorgen kein bisschen. Heiko sprach mir Mut und Zuversicht aus, aber seine beschwichtigenden Worte perlten an mir ab. Das Beunruhigende war, dass niemand mehr Nico nach Dienstag gesehen hatte, er somit seit vier Tagen wie vom Erdboden verschluckt war.

Den heutigen Tag haben Sandra und Mario mit Hoffen und Bangen zu Hause verbracht. Sie vermeiden, ihren jüngsten Sohn, den siebenjährigen Emil, mit der Situation zu belasten.

Tagsüber hat Mario ein Polizeifahrzeug durchs Wohngebiet fahren sehen und gedacht: Endlich nimmt die Polizei die Vermisstenmeldung ernst.
Der Sonntag zieht sich wie Gummi, ein Knistern liegt in der Luft wie vor einem aufziehenden Gewitter. Um auf andere Gedanken zu kommen, sehen Sandra und Mario am Abend fern, ein wenig Ablenkung verschafft der Krimi, wenngleich man nicht so konzentriert bei der Sache ist wie sonst.
Es ist kurz vor zehn: Draußen vorm Haus hört man das Schlagen einiger Autotüren.
Sandra: Ich nahm an, jemand in der Nachbarschaft bekommt Besuch. Hoffentlich stellt sich niemand vor unsere Garage, ich fahre morgen recht früh zur Arbeit, waren meine Gedanken. Ich stand vom Sofa auf, um nachzusehen, da hörten wir Stimmen und Schritte auf dem Podest vor unserer Haustür. Das Unheil war im Anmarsch, aber bislang hatten wir uns geweigert, einen Gedanken daran zu verschwenden. Selbst als die Türklingel schrillte, gingen wir davon aus, jemand wolle uns fragen, ob er vor unserer Garage parken dürfe.
Mario: Ich bin zur Tür gegangen und öffnete sie unbekümmert. Vor mir standen zwei uniformierte Polizeibeamte in Begleitung einer Sanitäterin. Gegenüber unserem Haus hielten zudem ein Notarztwagen und ein dritter Pkw. Die kleine Pflanze Hoffnung, Nico habe »nur« etwas angestellt, darb in dem Moment, als einer der Polizisten fragte: »Heißt Ihr Sohn Nico Kelter?« In diesem Moment war Sandra und mir bewusst, dass Nico nicht mehr lebte.
Das Schicksal sprang uns frontal an wie ein wildes Tier und hieb seine Krallen tief in unsere Seelen. Der Boden neigte sich zur Seite, ich vermochte mich nicht mehr auf den Beinen zu halten und sackte in mich zusammen. Einer der Sanitäter kümmerte sich um mich, ein Polizist betrat das Haus, der andere blieb bei mir an der Tür, an deren Rahmen ich mich festhielt.
Sandra: Ich hatte einen der Polizisten an der Stimme erkannt, er war ein ehemaliger Klassenkamerad, von dem ich wusste, dass

er bei der Polizei war. Die Tränen brachen sich Bahn und ich schrie ihn an: »Dirk, du kommst nicht in mein Haus und sagst mir, dass mein Junge tot ist!« Daraufhin blieb er draußen und der ältere der beiden uniformierten Polizisten sowie die Sanitäterin, die sich als Notfallseelsorgerin vorstellte, kamen ins Wohnzimmer.

Ich stand kurz vor einem Nervenzusammenbruch. Die Sanitäter nahmen sich mir und Mario an, und urplötzlich war das Wohnzimmer voller fremder Menschen. Die Seelsorgerin hatte alle Hände voll zu tun, um sich um mich zu kümmern. Ich rastete vollkommen aus. Ich versuchte, meinen Schmerz hinauszuschreien, aber kein einziges Wort verließ meine Lippen. Ich wusste mich nur durch unkontrolliertes Handeln zu artikulieren. Schmerz und Wut stauten sich in mir auf. Das bekamen die Esszimmerstühle zu spüren, die ich zu Boden stieß. Dann habe ich eine Gedächtnislücke.

Das nächste, woran ich mich wieder erinnere, ist, wie ich im Wohnzimmer vor dem Kamin auf dem Boden hockte und heulte. Die vielen fremden Menschen in unserer Wohnung, ich fühlte mich wie ein Gast im eigenen Haus. Da war kaum Raum für den Schmerz, der ein Ventil suchte. Ich war in meinem Körper eingesperrt wie in einem Gefängnis. Dass die Notfallseelsorgerin bis spät in die Nacht anwesend war, hat mir gewaltig geholfen, was mir aber erst im Nachhinein bewusst wurde. Ein Wunder, dass Emil in seinem Bett fest schlief und von alledem – Gott sei Dank – nichts mitbekam.

Mario: Ich war mit den Nerven ebenfalls am Ende, hatte mich von meinem Schwächeanfall soweit wieder erholt, dass ich die Fragen des Polizisten beantworten konnte. Er fragte mich, welche Kleidung Nico zuletzt getragen habe, um den letzten Zweifel auszuräumen, dass es sich bei dem Leichnam, den man gefunden hatte, um Nico handelte. Er hatte zwar seinen Ausweis mit sich getragen, aber den hätte ja jemand gestohlen haben können. Da er schon seit Tagen am Fundort gelegen hatte, war der Verwesungsprozess entsprechend vorangeschritten.

Man könne nach derzeitigem Stand davon ausgehen, dass keine Fremdeinwirkung vorläge, mit Sicherheit wisse man das aber erst, wenn der Bericht des Gerichtsmediziners vorläge. Man hatte Nico schon vor Stunden zur Gerichtsmedizin an die Homburger Uniklinik gebracht, uns am späten Abend aber erst von seinem Tod beziehungsweise vom Auffinden seines Leichnams unterrichtet. So lange im Unklaren gelassen zu werden, machte mich wütend.

Nachdem ich von dem uniformierten Beamten erfahren hatte, wie Nico gestorben ist, betrat ich mit ihm den Balkon, auf den man vom Esszimmer gelangt. Er wollte ungestört mit mir reden. Dieses Bedürfnis hatte ich ebenso. Als er mich fragte, ob ich eine Erklärung habe, woher Nico die Waffe hatte, teilte ich ihm meine Befürchtung mit, dass es sich um meine Waffe handelte, die ich in dem Tresor in einem Kellerraum aufbewahrte. Dorthin begaben wir uns, und als ich ihn aufschloss, wurde mein Verdacht zur Gewissheit: die Waffe fehlte. Nico und ich sind Sportschützen im hiesigen Schützenverein, Nico sogar ein recht erfolgreicher, der nicht nur im Verein, sondern sogar am Olympiastützpunkt an der Landessportschule in Saarbrücken trainierte und nur dort die Waffe zu Trainingszwecken benutzte. Der Tresorschlüssel wird in einem abschließbaren Schlüsselkasten im Flur aufbewahrt, den ich in einer Schale auf der Kommode im Flur deponiere. Ich vermute, Nico hat heimlich nachts den Schlüssel an sich genommen, die Pistole entwendet und ihn im Anschluss wieder an seinen Platz gebracht.

Formell wurde im Nachgang ermittelt, ob eine grobe Fahrlässigkeit vorgelegen habe. Diese wurde nicht bestätigt und die Ermittlungen daher eingestellt. Unabhängig davon nagen die Selbstvorwürfe an einem weiter. Hätte ich den Suizid verhindern können? Hätte etwas an seinem Verhalten Warnsignale bei mir auslösen müssen, oder habe ich sie nicht erkannt?

Die Kripo traf erst Minuten nach der Streife ein. Die unangenehme Aufgabe, uns vom Tod unseres ältesten Sohnes in Kenntnis zu setzen, hatte man den Streifenbeamten überlassen. Zwei

Kripobeamtinnen stellten uns routiniert und rücksichtslos Fragen und zeigten wenig Einfühlungsvermögen. Sandra und ich hatten vielmehr das Gefühl, unter Verdacht zu stehen, unserem Sohn etwas angetan zu haben.
Mein älterer Bruder Michael, der im gleichen Ort wohnte (er ist ein Jahr später leider nach einem Herzinfarkt verstorben), kam sofort rüber, als ich ihm am Telefon von der Tragödie berichtete. Es war nicht notwendig, ihn darum zu bitten. Für ihn war es selbstverständlich, sich zur Schlafenszeit sofort ins Auto zu setzen und her zufahren. Er blieb die ganze Nacht. Mit seinem Onkel hatte sich Nico bestens verstanden, aber ihm hatte er sich vor seiner Tat ebenso wenig anvertraut.
Wir erfuhren, dass man bei Nico einen Abschiedsbrief gefunden habe, der kriminaltechnisch untersucht wurde. Um sicher zu gehen, dass es sich um Nicos Handschrift handelte, händigte ich eine Schriftprobe von Nico aus. Diese hatte ich in seinem Zimmer gefunden, als ich mich mit dem Kripobeamten darin umsah.
Wir fanden Notizzettel und seine Schulhefte, Nico hatte vor einem halben Jahr erst die Gesellenprüfung zum Koch abgelegt. Über den Inhalt des Briefes berichten wir an anderer Stelle.
Wir hätten uns am liebsten verkrochen, aber gnadenlos waren wir gezwungen zu funktionieren, schon unseres Sohnes Emil willen. Wir hatten keinen blassen Schimmer, wie wir ihm am besten erklärten, dass sein Bruder Nico nicht mehr nach Hause kommen würde. Dass er ihn nie mehr wiedersähe. In unserer Verzweiflung und auf Anraten der Seelsorgerin – die Details lösen sich mit der Zeit wie Schneeflocken im Gedächtnis auf, zumal wir eine Weile unter Schock standen – weihten wir Emil am nächsten Morgen vorerst nicht ein. Er war ja erst sieben Jahre alt!
Wir beschlossen, ihn wie gewohnt zur Schule zu bringen. Emil besuchte die erste Schulklasse in der örtlichen Grundschule. Aber das war nicht die beste Idee. Die Tragödie hatte sich schon im Dorf herumgesprochen. Ich habe meinen Chef angerufen,

um ihm mitzuteilen, dass es mir unter den gegebenen Umständen unmöglich sei, zur Arbeit zu erscheinen. Ich habe am Telefon keinen vernünftigen Satz herausgebracht, aber mein Chef hat gemerkt, dass etwas nicht stimmt. Nur mit großer Mühe gelang es mir, ihn von der Tragödie in meiner Familie zu unterrichten. Er schlug vor, erstmal zu Hause zu bleiben, bis es mir wieder besser ginge.

Sandra und ich haben Emil mit dem Auto zur Schule gefahren. Unterwegs kämpften wir gegen unsere Tränen an und fühlten uns wie auf dem Präsentierteller. Die Fenster an den Häusern wurden zu Augen, die uns anstarrten, ebenso die Scheinwerfer der entgegenkommenden Wagen, die Straße zog sich schwer dahin wie ein Reißverschluss, der klemmt, und ich hatte das Gefühl, dass die Menschen, die auf den Gehwegen unterwegs waren, meinem Wagen nachstarrten.

Der Schuldirektor und Emils Lehrer(innen) wussten schon Bescheid. Mit dem Direktor und Emils Klassenlehrerin betraten wir das Lehrerzimmer. Ihre Anteilnahme war spürbar und sie reagierten mit größtem Verständnis auf unseren Ausnahmezustand. Wir brachten es noch nicht übers Herz, Emil von Nicos Tod zu erzählen, waren vollkommen durch den Wind und wussten nicht, wie es weitergehen und wie wir uns verhalten sollten. Der Direktor meinte, es sei das Beste für Emil, wie gewohnt am Unterricht teilzunehmen.

Wie verhält man sich in einer solchen Situation »angemessen«? Es gibt keine Knigge für Eltern, die ihr Kind durch Suizid verloren haben. Wie nimmt man weiterhin am gesellschaftlichen Leben teil, wenn man sich an den Pranger gestellt glaubt? Wie unterscheidet man aufrichtige Anteilnahme von Sensationsgier?

Unser Anliegen ist es, mit diesem Buch über die Erfahrungen zu berichten, die uns als Hinterbliebene widerfuhren. Des Weiteren möchten wir damit die Erinnerung an unseren Sohn Nico aufrechterhalten. Wir erzählen aus seinem Leben und versuchen zu erklären, was zu dem Suizid geführt hat. Aber die Geschichte von Nico soll nicht in einer Schublade verwahrt blei-

ben. Wir machen sie für jedermann zugänglich, denn das Buch beinhaltet nicht nur eine Aufarbeitung der Ereignisse, sondern es liegt uns daran, Menschen, Eltern, die in die gleiche Situation geraten, zu ermutigen, den Schmerz zuzulassen und sich nicht dahinter zu verstecken. Über die Hilfe, die uns zuteilwurde, werden wir ebenso berichten wie über Selbsthilfegruppen und Hilfsangebote. Am Ende des Buches weisen wir zudem auf Faktoren hin, Anzeichen und Symptome, die auf einen drohenden Suizid schließen lassen und richten Appelle an junge Menschen, die in Nicos Spuren unterwegs sind, damit sie einen Ausweg aus der Sackgasse finden.
Hierzu begeben wir uns zurück zum Anfang.

»Ich habe Mario beim Fußball kennengelernt«, erzählt Sandra. Damals ist die 50-jährige Hotelangestellte 22, Mario (53) ist drei Jahre älter. »Für Mario war es Liebe auf den ersten Blick, aber ich habe es ihm nicht leicht gemacht. Anfangs fand ich ihn sogar unsympathisch und habe mich nur widerwillig auf ein Treffen eingelassen. Erst nach diesem Date hat es bei mir gefunkt, was ich mir zunächst aber nicht eingestand.«

Aber bald darauf zogen sie zusammen und ein Jahr später läuteten die Hochzeitsglocken (1993). Nach zwei weiteren Jahren kam Nico zur Welt. Er war ein Wunschkind. Die Kunde von dem zu erwartenden Nachwuchs war umso erfreulicher, da erst wenige Monate zuvor der Frauenarzt ihr keine allzu großen Chancen auf eine Schwangerschaft einräumte.

Mario hatte in Nicos Geburtsjahr eine Umschulung zum Krankenpfleger angefangen, arbeitete dann von 1998 bis 2011 bei der Arbeiterwohlfahrt und ist seitdem Pflegeberater in einem Pflegestützpunkt, wofür er täglich einen weiten Arbeitsweg in Kauf nimmt. Seit 2011 wohnen sie in dem Dorf, in welchem Mario aufgewachsen ist und sein Bruder Michael sowie seine Eltern wohnen. Sie hatten sich ein kleines Häuschen gekauft und richteten es sich dort gemütlich ein.

Bis zum sechsten Lebensjahr verlief Nicos Kindheit unauffällig. Dann gab es die ersten Probleme. Nico war in der Schule oft unaufmerksam und hatte Probleme mit dem Lesen und Schreiben. Ein Test offenbarte eine vermeintliche Lese- und Rechtschreibschwäche. Der Kinderarzt vermutete zudem ADHS[1], was sich aber nicht bestätigte. Nico wurde in der SHG-Tagesklinik teilstationär behandelt, das heißt, er hielt sich dort von morgens

[1] Die Aufmerksamkeitsdefizit-/Hyperaktivitätsstörung (ADHS) gehört zur Gruppe der Verhaltens- und emotionalen Störungen mit Beginn in der Kindheit und Jugend. Sie äußert sich durch Probleme mit Aufmerksamkeit, Impulsivität und Selbstregulation; manchmal kommt zusätzlich starke körperliche Unruhe (Hyperaktivität) hinzu. Quelle: wikipedia

bis nachmittags auf und wurde betreut und unterrichtet. Hinter der Lethargie, die er immer häufiger an den Tag legte, vermuteten Sandra und Mario eine Depression, obwohl man diese in erster Linie mit Erwachsenen in Verbindung bringt.
Aufgrund der viermonatigen Fehlzeit in der Schule wegen des Aufenthaltes in der SHG-Tagesklinik, entschieden Sandra und Mario, Nico die 1. Schulklasse wiederholen zu lassen.

In den folgenden Jahren besuchte Nico oft eine Tagesgruppe. Das heißt, er begab sich nach dem Schulunterricht dorthin zur Hausaufgabenbetreuung, woran sich eine Freizeitbetreuung anschloss. Mit dem Aufenthalt dort wurde der Druck aus der Familie genommen.

Belastend wirkten zuhause Aussagen wie: »Ich werde nicht alt!«. Diesen Satz äußerte Nico erstmals im zarten Alter von acht Jahren.

Misserfolge nahm er sich zu Herzen, weshalb er Sportarten wie Fußball und Judo nach anfänglicher Euphorie wieder aufgegeben hatte. Erst beim Schützensport hatte er »seine« Sportart gefunden. Kein Wunder, war er hierin am erfolgreichsten. Auf sein Talent wurde man nicht nur im Verein, sondern ebenso auf höherer Ebene aufmerksam. Die Belohnung für seine Erfolge bildete die Aufnahme in den Landeskader mit entsprechendem Fördertraining am Olympiastützpunkt an der Landessportschule Saarbrücken.

Die Erfolge bewahrten ihn aber nicht vor Rückschlägen seines Gemütszustandes.

Mario: Wir zogen immer wieder Ärzte und die Betreuer der Tagesgruppe als Ergänzung zum Unterricht zurate. Denn wir merkten, dass wir bei allem Verständnis und Liebe nicht in der Lage waren, Nico alleine zu helfen.

In der Tagesgruppe lernte Nico strukturiertes Arbeiten. Neben dem Schützensport entdeckte Nico seine Leidenschaft fürs Kochen. Seine Eltern unterstützten ihn in allen Angelegenheiten so weit als möglich, wenn er sich für eine Sache motivierte.

Nach dem Hauptschulabschluss fand er einen Ausbildungsplatz zum Koch und schien auf einem vielversprechenden Weg zu sein. Als Auszubildender zum Koch lernt man, eine Menge einzustecken, da es in der Küche eines Restaurants oft ruppig zugeht und Azubis nicht mit Samthandschuhen angefasst

werden. Umso erfreulicher war es, dass Nico nicht wie beim Fußball oder Judo nach den ersten Enttäuschungen hinwarf, sondern Durchhaltewillen zeigte.
Trotz seiner depressiven Phasen, die meistens zu Hause zutage traten, hatte er Freunde gefunden, mit denen er die Freizeit verbrachte. In der Öffentlichkeit und im Freundeskreis wurden seine depressiven Phasen selten wahrgenommen. Er war überwiegend beliebt. Dennoch sah er immer zuerst das Negative und ließ sich häufiger herunterziehen, als dass er sich zu etwas ermuntern ließ.
Sandra: Seine Betreuerin, die ihn über Jahre hinweg in der Tagesgruppe erlebt hat, war uns eine große Unterstützung. Sie half uns zu verstehen, weshalb Nico so war, wie er war. Mit den anderen Jungs aus der Gruppe entstanden Freundschaften. Dass sie einen negativen Einfluss auf ihn ausübten und sich seine eigenen Probleme unter den anderen Problemkindern, die ohne Eltern oder nur von der überforderten Mutter oder den Großeltern großgezogen wurden, gar verstärken würden, bewahrheitete sich nicht. Unsere anfängliche Sorge dahingehend war unbegründet.

Lehrjahre sind keine Herrenjahre

Die Hingabe zum Kochen wurde bei einem Berufspraktikum entfacht, welches er in einem Hotel in der Kreisstadt absolvierte. Zuhause durfte er, unter Aufsicht der Eltern, schon im Kindesalter kochen und kulinarische Kreativität entwickeln. Spätestens nach diesem Praktikum kristallisierte sich Koch zum Berufswunsch heraus. Vor Ende der Schulzeit schrieb er die ersten Bewerbungen und wurde in ein angesehenes Restaurant zum Vorstellungsgespräch eingeladen. Nico bekam den Ausbildungsplatz und absolvierte dort die dreijährige Berufsausbildung.

Lehrjahre sind keine Herrenjahre, so lautet ein häufig benutztes Sprichwort, das schon in Körtes Sprichwörterlexikon von 1847 verzeichnet ist. Ein ähnliches lautet: »Vor den Erfolg haben die Götter den Schweiß gesetzt.« Es besagt, dass in der Lehre dem Ausbilder gegenüber Gehorsam verlangt und das Verrichten niederer Arbeiten erwartet wird.

Gewiss ist heute vieles besser als vor einigen Jahrzehnten, sei es vom Gehalt her oder der Tatsache, dass Azubis heute nicht mehr geschlagen werden, wenn ihnen Fehler unterlaufen. Auch ein Lehrgeld müssen Azubis oder ihre Familie heute für gewöhnlich nicht mehr an den Betrieb entrichten. In großen Konzernen wird zudem einiges für die positive Entwicklung von Jugendlichen getan, sei es durch Seminare für soziale Kompetenz oder die Finanzierung des Führerscheins.

In einer Restaurantküche geht es vor allem in der Rushhour hektisch zu, was sich im verbalen Umgang unter den Angestellten oder dem groben Verhalten der Vorgesetzten niederschlägt. Als Auszubildender zum Koch benötigt man daher neben Talent auch ein dickes Fell.

Nach außen wirkte Nico gefasst, zumal es sich ja um seinen Wunschberuf handelte und nicht um eine Lehre, die ihm aufgezwungen worden war. Und es gab zwischendurch immer wie-

der Zeiten, in denen das Klima angenehm war und Spaß und Freude statt Stress am Arbeitsplatz überwogen.
Nach einer gewissen Lehrzeit wurde Nico mehr und mehr in den eigentlichen Arbeitsprozess einbezogen. Hierbei kamen ihm seine in der elterlichen Küche erworbenen Vorkenntnisse zugute. In der Berufsschule erlernte er den aktuellen Stand der Technik, die gültigen Vorschriften und moderne Arbeitsweisen. Vollkommen spurlos ist die anstrengende Ausbildung mit unterschiedlichen Arbeitszeiten und Wochenendschichten nicht an Nico vorübergegangen.
Zur Zerstreuung verbrachte er einen Teil seiner Freizeit mit Videospielen, gebärdete sich aber zudem mit fortschreitendem Alter häufiger seinen Eltern gegenüber aggressiv. Wenn er sich ihnen einmal anvertraute, berichtete er, dass er es extrem demütigend fand, vor Kollegen bloßgestellt zu werden. Aber diese Offenheit bildete die Ausnahme, meist erwähnte er nicht, was ihn bewegte und was ihm zu Herzen ging.
Mario: Ich glaube, Nico versuchte, alleine die Situation zu bewältigen. Vermutlich wollte er uns und sich selbst beweisen, dass er durchaus in der Lage war, ein Vorhaben durchzuziehen und sich nicht von seinem Plan abbringen zu lassen.
Wenngleich Nico am Computer immer öfter dem Reiz der – abwertend bezeichnet – Ballerspielen erlag, legte er beim Schießen im Schützensportverein eine hohe Disziplin an den Tag und strahlte eine Ruhe aus, die er in der Familie oft vermissen ließ. Beim Schießen gelang es ihm mühelos, sich auf den Schuss und das Ziel zu konzentrieren und Ruhe zu bewahren. Es war wie ein Wandeln zwischen zwei verschiedenen Welten. Nico entwickelte mit der Luftpistole ein Talent, das ihm einige Landesmeistertitel in seiner Altersklasse bescherte. Zum Beispiel wurde er 2010 im Alter von 15 Jahren Landesmeister mit der Luftpistole. In dieser Disziplin nahm er zweimal an der deutschen Meisterschaft in München teil, was den Vorteil hatte, mit seinen Eltern ein Wochenende in der bayrischen Landeshauptstadt verbringen zu können – eine willkommener Kontrast vom Alltagstrott.

Nico benutzte die Sportpistole nur unter Aufsicht. Für die Mitnahme der Waffe zu Wettkämpfen galten strenge Sicherheitsvorgaben. Sie war im Haustresor weggeschlossen. Benötigte sie Nico zu Wettkämpfen, kam ein Betreuer der Jugendmannschaft mit dem Auto vorbei und transportierte sie in einem abschließbaren Koffer. Die Munition wurde separat mitgeführt. Zudem war es erforderlich, eine Überlassungserklärung zu unterzeichnen, damit die Waffe überhaupt transportiert werden durfte.

In den ersten Schuljahren wurde Nico in der Tagesgruppe betreut. Der Aufenthalt dort wurde sukzessiv reduziert, nur wenn es angebracht war, ihn intensiver zu betreuen, wurde die Aufenthaltsdauer wieder aufgestockt. Im letzten Jahr vor seinem Tod schien Nico die depressiven Phasen im Griff zu haben, trotz gelegentlicher Wutanfällen. Diese traten jedoch nie zutage, sobald sein kleiner Bruder Emil sich in seiner Nähe aufhielt. Ob er sich dann unter Kontrolle hatte, um seinen kleinen Bruder nicht zu ängstigen, oder dieser eine Art Vorbildfunktion in ihm weckte? Womöglich war beides der Fall.

Nico war zwölf Jahre alt, als sich im Hause Kelter zum zweiten Mal Nachwuchs ankündigte und er ein kleines Brüderchen bekam. Verständlicherweise rückte jetzt der Neugeborene in den Fokus, aber Nico betrachtete Emil nie als Konkurrenten. Im Gegenteil, er sorgte sich um sein kleines Brüderchen, verbrachte eine Menge Zeit mit ihm, badete ihn sogar gelegentlich oder wechselte ihm die Windeln. Das Kümmern und die Verantwortung für Emil brachte die fürsorgliche und ausgeglichene Seite Nicos zum Vorschein.

Nico war inzwischen 18 Jahre alt und stand kurz vor der Gesellenprüfung. Er hatte eine feste Freundin, was er aber lange seinen Eltern verschwieg.

Mario: Womöglich verbarg er seine Freundin zunächst vor uns, weil er sein Ding durchziehen und uns zeigen wollte, dass er es verstand, auf eigenen Füßen zu stehen.

Sandra: Oder er haderte mit seiner Herkunft. Mario und ich stammen aus einer Arbeiterfamilie, wohingegen seine Freundin in einer Akademiker-/Ärztefamilie aufwuchs. Sie hatte soeben erfolgreich die Abiturprüfung bestanden und beabsichtigte, in Heidelberg Medizin zu studieren. Das bedeutete, dass sie und Nico sich gezwungenermaßen seltener sehen würden. Nico ließ sich auf die Probe der geografischen Trennung nicht ein und beendete die Freundschaft. Das klingt nach einer nüchternen Entscheidung, aber in Wahrheit kam er über die Trennung nicht so leicht hinweg, wie er uns weiszumachen versuchte. Wir erfuhren aber nicht zeitnah von der Trennung, erst als er unsere Fragen nach ihr satthatte und er es leid war, uns etwas vorzuspielen. Wir ahnten es bestenfalls an seiner zunehmenden Unbeherrschtheit und Unzufriedenheit. Bei einem Gespräch gestand er die Trennung, legte aber Wert auf die Feststellung, diese sei in beiderseitigem Einvernehmen und in aller Freundschaft erfolgt.

In dieser Zeit nahmen seine Ausraster wieder zu, was aber nicht nur der Tatsache geschuldet war, dass ihm eine schmerzhafte Entscheidung abverlangt wurde. Er gab ihrer Beziehung unter diesen Umständen keine Zukunft. Es war eine reine Vernunftentscheidung und keine Herzensangelegenheit, sich ausgerechnet von dem Menschen zu trennen, der ihm so nahe wie kein anderer stand.

Hinzu kamen Probleme bei der Arbeit. Nico wurde wieder depressiv und stellte alles infrage. Das führte sogar dazu, dass er drei Monate vor der Gesellenprüfung seine Ausbildung abzubrechen gedachte. In einem ernsten Vater-Sohn-Gespräch tauschte Mario sich mit ihm aus. Da er volljährig war, überließ er Nico die Entscheidung, aber er gab ihm deutlich zu verstehen, dass es so kurz vor dem Ziel völlig abwegig sei, alles hinzuschmeißen.

Mario: Wir haben eindringlich an ihn appelliert, seine Prüfung abzulegen und danach eine Entscheidung zu treffen. Dann hätte er einen Abschluss in der Tasche und sich immer noch für eine andere Berufslaufbahn entscheiden können. Ich verinnerlichte ihm, dass, wenn er jetzt alles hinwarf, drei Jahre Arbeit

umsonst gewesen sei. Zudem würde er sich als Abbrecher nicht unbedingt für eine neue Lehrstelle empfehlen.
Daraufhin besann sich Nico und legte seine Prüfung erfolgreich ab. Zu dieser Zeit fiel er in ein Verhaltensmuster, das entweder bewusst darauf abzielte, sich zu bestrafen und seine Eltern in Misskredit zu bringen, oder Ausdruck innerer Zerrissenheit und Hilflosigkeit, quasi ein Hilferuf war.
Sandra: Mit der Zeit wurde Nico immer ungepflegter, das heißt, er vernachlässigte seine Körperhygiene und begab sich sogar in verschmutzten Klamotten zur Arbeit. Appelle und Ermahnungen fruchteten nicht. Einmal habe ich bemerkt, wie er unter der Dusche neben dem Wasserstrahl stand und mich nur glauben ließ zu duschen. Da erkannte ich, dass etwas gewaltig schieflief und habe mich mit Mario beraten, der, wie ich dabei erfuhr, ebenfalls negative Veränderungen bei Nico festgestellt hatte.
Mario: Bei einem Gespräch mit seinem Chef hat mich dieser zur Seite genommen und mir Nicos Story erzählt: Ihm war die vernachlässigte Körperhygiene Nicos nicht entgangen, und als er ihn darauf ansprach, hat ihm Nico eine Räuberpistole aufgetischt. Wir würden das Wasser abstellen, um ihn am Waschen zu hindern! Offenbar hat er dies so überzeugend vorgetragen, dass sein Chef es um ein Haar geglaubt hatte. Das ist einem natürlich total peinlich, selbst wenn die Geschichte völlig abwegig und unglaubwürdig klingt. Wie sich herausstellte, hat er so nicht nur bei seinem Chef über uns geredet, sondern auch innerhalb der Verwandtschaft und womöglich unter Freunden.
Sandra: Ich mag gar nicht wissen, wer daraufhin alles Zweifel an unserem Verstand hegte oder uns für Rabeneltern hielt. Daneben hat Nico erzählt, dass zu Hause meistens der Kühlschrank leer sei und er nicht immer etwas zu essen bekam – und das als Koch! Als ich davon erfuhr, war ich mächtig gekränkt. In der kurzen Zeit, in der ich bei meiner Mutter aufgewachsen bin, kam es oft vor, dass nichts zu essen im Kühlschrank war. Daher habe ich mir geschworen, dass es meine Kinder einmal besser

haben werden. Niemals wird man bei mir erleben, dass nichts zu essen im Kühlschrank ist. Und wenn ich mein letztes Hemd hergeben müsste, würde ich dafür sorgen, dass meine Kinder ausreichend zu essen haben!

Zur Rede gestellt, drückte sich Nico um eine Antwort. Nicht auszuschließen, dass er sie selbst nicht kannte, oder es war ihm bloß peinlich, beim Lügen ertappt worden zu sein. Er sah immerhin ein, dass er sich Hilfe suchen musste.

Ein Indiz, dass dieser Schritt als Ultima Ratio vonnöten war, ist folgender Vorfall, an den sich Sandra erinnert.

Sandra: Eines Nachmittags brachte ich seine frisch gebügelte Wäsche auf sein Zimmer – er war nicht zuhause – und entdeckte einen Abschiedsbrief. Als ich ihn zur Rede stellte, meinte er, er hätte ihn »nur so« geschrieben, ohne sich groß zu kümmern. Es sei nicht ernst gemeint gewesen. So oder so war klar, dass er dringend professionelle Hilfe benötigte.

So fand er sich bald darauf zu einer dreiwöchigen Therapie in der Psychiatrie im hiesigen Krankenhaus wieder. Er wurde ferner medikamentös behandelt. Besuch erhielt er in den ersten Tagen nur von Mario.

Sandra: Ich brauchte Abstand und hatte Angst, ihn zu besuchen. Die psychiatrische Abteilung war ein anderes Kaliber als die SHG-Klinik. Jetzt drehte es sich nicht nur mehr um Konzentrations- oder Lernschwächen. Ich sorgte mich, dass Nico in eine Abwärtsspirale geriet. Ich hatte selbst eine unglückliche Kindheit, wuchs quasi ohne Eltern auf und verbrachte einen Großteil der Jugend im Heim. Daher sollten es meine Kinder einmal besser haben. Ich bemühte mich sosehr und opferte mich auf, damit sie sich wohlfühlen. Dass Nicos Probleme meine Fähigkeiten als Mutter überstiegen, war beklemmend. Ich fürchtete, versagt zu haben und an den eigenen Ansprüchen zu scheitern.

Von Mitte August bis September 2014 hielt sich Nico in der Psychiatrie auf. In vielen Einzelgesprächen erläuterten die Ärzte, wodurch seine Traurigkeit und Unzufriedenheit ausgelöst wurden.

Nach diesen drei Wochen war Nico wie verwandelt. Er sprühte vor Energie und schmiedete Pläne. Er bewarb sich für eine Anstellung als Geselle. Sein Ausbilder hätte ihn zwar nach der Lehre übernommen, aber er eröffnete rund 20 Kilometer entfernt auf dem Land ein neues Restaurant, und Nico war nicht motorisiert.

Sandra: Wir hätten ihm ein Auto besorgt, aber Nico zeigte kein Interesse, den Führerschein zu erwerben. Nico spielte mit dem Gedanken, auf eigenen Füßen in einer eigenen Wohnung zu stehen. Daraufhin begleitete ihn Mario zu Besichtigungsterminen.

Mario: Nico erweckte den Eindruck, als sei es ihm damit ernst. Wir waren zudem bereit, in der Anfangsphase die Miete zu übernehmen.

Sandra: Nico bemühte sich, erneut im Beruf Fuß zu fassen. Er achtete wieder auf sein Äußeres und strahlte Zuversicht aus. Rückblickend denke ich, dass er uns nur getäuscht hat.

Mario: Im Nachhinein glaube ich, dass Nico während seines Aufenthaltes in der Psychiatrie einen Entschluss gefasst hat. Der Plan, aus dem Leben zu scheiden, stand fest, es war nur nicht sicher, wann und wo. Seine positive Ausstrahlung war Teil der Tarnung!

Sandra: Vergessen war die schwere Zeit, nach der Trennung von seiner Freundin. Aber heute weiß ich, dass er uns nur in Sicherheit wiegen wollte. Am Tag, als er das letzte Mal das Haus verließ, hatte ich mich mit ihm gestritten. Ich wollte im Flur seinen Rucksack aus dem Weg räumen und zur Seite stellen, als er mich anfuhr, dass er es nicht mag, wenn ich in seinen Sachen wühle. Er war regelrecht außer sich. Der Rucksack fühlte sich schwerer an als sonst. Ich frage mich oft, ob er noch leben würde, wenn ich in den Rucksack hineingesehen hätte. Dann hätte ich die Pistole entdeckt. Als er mit dem Rucksack am Nachmittag des 30. September 2014 das Haus verließ, habe ich ihm nachgeschaut und bemerkt, dass er am Ende des Weges nicht die Straße bergab zur Dorfmitte, sondern bergauf nahm. Ich

habe mich gewundert, aber nicht weiter darüber nachgedacht. Vielleicht wollte er sich vorher abreagieren oder alleine sein oder sich mit jemandem treffen. Man rechnet ja nicht gleich mit dem Schlimmsten.
Als er damals um die Ecke bog, war das der Moment, an dem ich Nico zum letzten Mal gesehen habe. Dieser Augenblick zieht immer wieder wehmütig an meinem inneren Auge vorbei. Von jetzt an fehlte ein Mosaik in der täglichen Routine. Seitdem kommt Nico nicht mehr nach Hause. Wir haben immer zu ihm gehalten. Spürte er nicht, wie sehr wir ihn geliebt haben, obwohl er es uns nicht immer leicht gemacht hat? Die Familie, sein Zuhause waren immer ein Ort der Geborgenheit. Das Leben hatte seine Unschuld verloren.
Der Mensch unterscheidet sich vom Tier nicht nur durch seine Intelligenz (obwohl ein Tier nie auf die Idee käme, den eigenen Lebensraum zu zerstören), sondern zudem durch seine Fähigkeit des analytischen Denkens. Das ist Segen und Fluch zugleich. Denn im Gegensatz zum Tier, das Geschehnisse hinnimmt, ohne den Sinn zu hinterfragen, strebt der Mensch stets nach einer Erklärung, selbst für das Unerklärliche. Rationale Erklärungen für Todessehnsucht oder Lebensmüdigkeit zu finden, kommt der Suche nach der Stecknadel im Heuhaufen gleich. Ist es nicht anmaßend, alles erklären und verstehen zu wollen? Gibt es nicht eine höhere Macht, die über uns steht und alles zusammenfügt nach einem Plan, der unsere Vorstellungskraft sprengt und unserer Intelligenz weit überlegen ist? Selbst wenn man konfessionslos ist und nicht an Gott glaubt, spürt man, dass da etwas ist, ein höheres Wesen, eine Macht, das/die unsere Schicksalsfäden zieht. Diese und ähnliche Gedanken jagen einem durch den Kopf, wenn man sein Kind durch Suizid verloren hat. Zusammen mit den Vorwürfen und Verdächtigungen im Freundes- und Bekanntenkreis ergibt das ein explosiver Cocktail.
Sandra: Ich habe mir von Menschen, denen ich es nicht zugetraut hätte, Vorwürfe anhören müssen oder diese an ihrem

Verhalten zu spüren bekommen. Speziell in der Trauer hat man eine feine Antenne und fühlt, wenn die Leute sich hinter dem Rücken die Mäuler zerreißen. Aber selbst, wenn das nicht der Fall wäre und einem nur aufrichtige Anteilnahme und Unterstützung entgegengebracht werden würde, blieben die Selbstvorwürfe, die an einem nagen und einen aushöhlen. Warum hat meine Liebe nicht ausgereicht, um meinen Sohn davon abzubringen, diese Welt zu verlassen? Ich bin Mario dankbar, dass er in dieser schweren Zeit zu mir gehalten hat, obwohl er mit sich selbst kämpfen musste, um den Verlust seines Sohnes zu verschmerzen und nicht daran zu zerbrechen. Nico hatte nicht nur uns getäuscht, sondern auch die Fachleute und Psychologen. Seine positive Ausstrahlung rührte nicht daher, dass er wieder die Freude am Leben gewonnen hatte, sondern weil er für sich die Entscheidung getroffen hatte, sein eigener Richter zu sein. Nachdem er dies für sich beschlossen hatte, war er frei. Die Last war von den Schultern gefallen. Das Ende vor Augen brauchte er sich nicht länger Sorgen um seine Zukunft machen. Wenn ich an jenem Nachmittag die Pistole in seinem Rucksack entdeckt hätte, hätte dies nur seinen Plan verzögert, aber nicht verhindert. Um Nico nicht zu verlieren, hätten wir ihn einsperren müssen, wollten wir nicht in ständiger Angst leben, dass eines Tages die Polizei an der Haustür klingelt. So lautete Marios Resümee nach Gesprächen mit Ärzten und Kriminalbeamten. Das war ein schwacher Trost. Dennoch konnte mich Mario nicht davor bewahren, in Selbstmitleid zu versinken und unter der Last der Selbstvorwürfe zusammenzubrechen. Ich fühlte mich hilflos und ohnmächtig im Kampf gegen die Depressionen. Weshalb hatte Nico in allem zuerst das Negative gesehen und alles schlechtgeredet? Als wenn eine dunkle Macht ihren Schleier um ihn gelegt hätte.
Wir leben in einer Epoche, in welcher der Wohlstand seinen Zenit längst überschritten hat. Diese Zeit der Umkehr, das Zurückdrehen des Rades, die fehlenden Perspektiven, sind ein Nährboden für Depressionen. Wir stehen fassungslos auf dem

Laufband und sehen das Leben an uns vorüberziehen, stehenbleiben bringt nichts, das Schicksal kennt nur eine Richtung. Ergibt es weiterhin einen Sinn, wenn man keine Selbstkontrolle mehr über seine Zukunft hat und Perspektiven fehlen? Der ganze Fortschritt, unser Allwissen, bewahrt uns nicht vor der Selbstzerstörung.

Unsere Väter, mit Bestimmtheit aber unsere Groß- und Urgroßväter sind in einer Zeit aufgewachsen, in der das Leben voller Entbehrungen war und mühsamer als heute. Dennoch scheint es, waren sie glücklicher und zufriedener als wir heutzutage. Die mediale Präsenz und die sozialen Medien bringen uns die Welt ins Wohnzimmer und damit auch all die Kriege, in die man früher noch ziehen musste, um ihre Schrecken zu begreifen. Auch dem Alltag ist die Leichtigkeit des Seins abhandengekommen. In der Zeit des Wirtschaftswunders und des Aufschwungs machten verheißungsvolle Perspektiven das Leben wieder lebenswert. Damals galt, den Fleißigen belohnt das Leben. Selbst wenn man weniger Geld als heute zur Verfügung hatte und die meisten technischen Errungenschaften für viele unerschwinglich blieben, waren die Arbeitsplätze sicher und man sorgte sich weniger um die finanzielle Zukunft oder die Altersabsicherung, als dies heute der Fall ist. Die Umwelt war erst nach dem Aufkommen der Atomkraftwerke ein Thema, vom Klimawandel ganz zu schweigen. Vorwärts, immer weiter. Die Zeiten haben sich verändert.

Es ist reine Spekulation, ob der Weltschmerz einen Anteil an Nicos Depressionen hatte. Das Dilemma lag eher im persönlichen Umfeld. Seine Welt war aus den Fugen geraten. Von wenigen Ausnahmen abgesehen, hatte aus seiner Sicht sich das Schicksal gegen ihn gewandt.

Martina, seine Betreuerin in der Tagesgruppe, erinnert sich an Nico.

Tagesgruppe

Zu Beginn der Schulzeit besuchte Nico erstmals eine Tagesgruppe, in der sich geschulte Pädagogen und Erzieher den lernspezifischen Defiziten und Konzentrationsstörungen der – wie in Nicos Fall – teilstationär untergebrachten Kinder widmen. Im Folgenden wollen wir die Funktionsweise dieser Tagesgruppen sowie den Alltag in der Betreuung erläutern. Nicos Aufenthalte in der Tagesgruppe liegen inzwischen fast zehn bis zwanzig Jahre zurück, sodass einige Angaben heute unter Umständen nicht mehr zutreffen.

Die Tagesgruppe, die Nico einige Jahre, mit Unterbrechungen, besuchte, gehört zu einer Stiftung, die mit der Stadt und dem Landkreis im Bereich der Jugendhilfe zusammenarbeitet.

Die Kinder in diesen Gruppen weisen Verhaltensdefizite im emotionalen, kognitiven, sozialen oder lebenspraktischen Bereich auf. Sie besuchen die Gruppe nach dem Schulunterricht und werden dort montags bis freitags bis in die späten Nachmittagsstunden betreut. Schwerpunkt ist die Hausaufgabenbetreuung, aber es stehen ebenso sportliche Gruppenaktivitäten auf dem Programm bis hin zu mehrtägigen Ferienfreizeiten. Gegebenenfalls sind auch musikalische und kreative Gestaltungsmöglichkeit vorhanden.

Martina, seine damalige Betreuerin, erzählt, dass ein wichtiger Punkt daneben das gemeinsame Mittagessen war, das den Kindern nach dem Schulbesuch ausgegeben wurde (sowie ein Imbiss am Nachmittag). Gut möglich, dass dies die Basis für seinen späteren Berufswunsch Koch gewesen ist. Das Hilfeangebot ist intensiv und erstreckt sich weit über eine reine Hausaufgabenbetreuung. Die verlässliche, haltgebende Struktur trägt zur Gestaltung eines sicheren Ortes bei. Die Unternehmungen in der Gruppe spielen eine wichtige Rolle, daneben werden aber auch konzeptionelle Einzelstunden für die Kinder mit pädagogischen und therapeutischen Elementen durchgeführt.

Den Kindern und Jugendlichen stehen geräumige Häuser bzw. Wohnungen mit Außengelände zur Verfügung, sodass ebenso Spielmöglichkeiten im Freien vorhanden sind.
Sinn und Zweck des Betreuungsangebotes ist es, die Kinder und Jugendlichen bei der Entwicklung zu fördern und ihr Verhalten in der Familie zu stabilisieren. Letzteres ist der Grund, weshalb sie in ihren Familien verbleiben. Bestandteil der Förderung des Zusammenlebens in der Familie sind daher die regelmäßigen Hilfeplangespräche zwischen Betreuern und Eltern, die bedarfsorientiert ablaufen. Auf ihrer Basis werden die pädagogische Arbeit und Betreuung individuell angepasst auf den Bedarf Nicos und seiner Familie. Während dieses Prozesses erhalten die Eltern fortlaufend Unterstützung und Begleitung. Jedes Kind, jeder Jugendliche erhält eine fest zugeordnete Fachkraft, in Nicos Fall war Martina seine Bezugserzieherin. Neben der individuellen Betreuung wird in der Gruppe soziale Empathie erlernt. Der Tagesablauf erfolgt inhaltlich, räumlich und zeitlich in einem klar strukturierten Rahmen, in dem Regeln und Grenzen den Kindern und Jugendlichen Orientierung geben und zur Verhaltenssicherheit beitragen. Wie eingangs erwähnt, kommen eine strukturierte Hausaufgabenbetreuung und intensive schulische Förderung hinzu. Die Gruppe stellt einen Lebensraum dar, der Sicherheit und emotionale Akzeptanz bietet, aber auch Anforderungen an die Gestaltung des Zusammenlebens, wobei neue Verhaltensweisen und Perspektiven entwickelt werden können.
Ziel der Betreuungsmaßnahmen ist es, Verhaltensänderungen der Kinder und Jugendlichen zu ermöglichen und zu fördern, die Erziehungskompetenz der Eltern zu stärken. Dennoch werden Verhaltensgründe respektiert, es erfolgt keine Umerziehung, sondern es werden hilfreiche, alternative Wege der Bewältigung aufgezeigt und Handlungsmuster erarbeitet. Dies erfordert Feingefühl, das heißt, man muss das Umfeld und die Haltung der betreuten Kinder und Jugendlichen bei der Lösungssuche akzeptieren. Jeder verfügt über besondere Fähig-

keiten, Interessen und Stärken, die die Betreuer bei der pädagogischen Arbeit aufgreifen und zur Entwicklung einsetzen. Damit dies gelingt, ist der Aufbau einer tragfähigen Beziehung unerlässlich. Durch die Zusammenarbeit mit den Eltern erfahren auch diese eine Unterstützung im familiären Beziehungsgefüge.

Der Umgang mit der Depression

Die Teilnahme in der Tagesgruppe zeigte schon bald erste Erfolge. Nicos schulische Leistungen verbesserten sich nicht nur, es konnte auch der Verdacht ausgeräumt werden, er leide an ADHS (Aufmerksamkeitsdefizit-/Hyperaktivitätsstörung). Die Vermutung eines Kinderarztes war daher voreilig. Zwar wies Nico einige identische Symptome in seinem Verhalten auf und ist ADHS die häufigste Auffälligkeit bei (Vorschul-)Kindern, es handelt sich dabei aber lediglich um eine klinische Diagnose, da es keinen spezifischen diagnostischen Test gibt. Wenn das Verhalten nicht zu einer eingeschränkten Funktionsfähigkeit, Lebensqualität oder Teilhabe im Alltag führt, sondern nur in einem speziellen Lebensbereich auffällig ist, ist es eher ein Hinweis auf eine andere psychische Störung. Dafür spricht, dass die Probleme erst nach der Einschulung erstmals auftraten und es sich vorrangig um Probleme in der Schule und nicht in der Familie handelte.

Eines haben ADHS und eine spezielle Lese-/Rechtschreib- und Konzentrationsschwäche jedoch gemeinsam: Als Folgeerkrankung kann sich hieraus eine Depression entwickeln! Bei Jugendlichen äußert sich diese unter anderem durch Introvertiertheit, Reizbarkeit und einen traurigen Gesichtsausdruck.

Die Diagnose Depression war aber erst später in Nicos Leben ein Thema. Depression im Kindesalter rückte erst in den letzten Jahren in den Focus und galt lange als Erwachsenenkrankheit und wurde frühestens bei Jugendlichen diagnostiziert. So neigte sich auch bei Nico die Schulzeit dem Ende zu, als vor Eintritt ins Berufsleben seine Stimmungsschwankungen eine Depression als Ursache vermuten ließ.

Sandra erinnert sich daran, dass Nico erstmals im Alter von acht, neun Jahren erwähnt hat, dass er nicht alt werden würde. Obgleich eine solche Äußerung ein gewisses Unbehagen erzeugt,wird man sie als Elternteil zunächst nicht überbewerten.

Dass Nico später in einer Phase die Körperhygiene vernachlässigte und dies seinen Eltern zuschob, war Ausdruck der Depression und keine boshafte Verleumdung. Hinzu kamen unbegründete Schuldgefühle, das Gefühl der Hoffnungslosigkeit und übermäßiges Grübeln und zeitweise Antriebslosigkeit.
Warum der eine Jugendliche Depressionen entwickelt und der andere nicht, hängt nicht nur von genetischen Einflüssen, sondern auch von Umweltfaktoren ab. Mit dem Besuch der Schule gehen Veränderungen im Alltagsablauf einher. Das Kind sieht sich mit neuen Herausforderungen konfrontiert, die ein erhöhtes Stresslevel erzeugen können. Im fortgeschrittenen Alter, beim Eintritt in die Pubertät, sind die betroffenen Jugendlichen damit überfordert, eine eigene Identität zu entwickeln. Sie grenzen sich von den Eltern ab, werden zu Einzelgängern oder suchen ihren Platz in der Gruppe unter Gleichaltrigen. Hinzu kommen die äußerlichen Veränderungen, hormonelle Turbulenzen und die damit auftretende Verunsicherung in dieser Phase des Umbruchs.
Wird eine Depression erkannt und von einem Arzt als soche diagnostiziert, erfolgt neben einer psychologischen Behandlung meist auch eine medikamentöse, wobei man die Medikamentenabhängigkeit im Auge behalten muss. Leichte Antidepressiva machen nicht abhängig, aber die Einnahme kann Aggressionen, Suizidgedanken bis hin zu Suizidversuchen auslösen.
Wege aus der Depression können die Förderung des Gemeinschaftsgedankens, also gemeinschaftliche Unternehmungen und Spiele sein, weshalb in der Tagesgruppe neben der Hausaufgabenbetreuung auch der Freizeitbetreuung eine herausgestellte Bedeutung zukommt. Das Entwickeln neuer Denkmuster und das Entdecken neuer Techniken zum Lösen von Problemen regen dazu an, den Teufelskreis der Depression zu durchbrechen und in der Zukunft für den Umgang mit Krisen besser gerüstet zu sein. (Siehe hierzu auch »Anzeichen und Symptome«, »Hilfsangebote« und »Gefährdende Faktoren« am Ende des Buches.)

Für Eltern ist es wichtig, sich darüber im Klaren zu sein, dass ein depressives Kind weder faul noch böse oder aggressiv ist, oder unerträglich, weil es so sein will. Ein depressives Kind leidet an einer psychischen Erkrankung und benötigt gezielte Behandlung.

Sandras Leben bis zum Suizid

Ein richtiges Familienleben war ihr nicht vergönnt, berichtet Sandra. Sie hat die ersten Lebensjahre bei ihrer Mutter verbracht, die sich, als Sandra etwa sechs Jahre alt, war, von ihrem Mann getrennt hat. Da die Mutter in der Gastronomie berufstätig war, konnte sie nicht die Zeit ihren kleinen Töchtern – Sandra hat eine zwei Jahre jüngere Schwester – widmen, die zwei Vorschulkindern angemessen gewesen wäre.

Der Vater zeigte kein reges Interesse an Sandras Erziehung, für ihre Schwester hatte er mehr übrig; sie war sein Liebling. Von Fürsorge konnte im Grunde keine Rede sein, eher von Vernachlässigung, stellt sie ihrer Mutter kein akzeptables Zeugnis aus. Aus diesem Grund kamen die Geschwister, als Sandra das Grundschulalter erreicht hatte, in die Obhut der Großeltern, die im gleichen Dorf wohnten. In dieser Ersatzfamilie waren Sandra und ihre Schwester gut aufgehoben. Dort mangelte es ihr und ihrer Schwester nicht an Fürsorge, zumal Sandra ihre Mutter überhaupt nicht vermisste, da diese sich nie um sie gekümmert hatte.

Das Schicksal wendete sich gegen Sandra, als ihr Großvater schwer erkrankte. Da war sie zwölf Jahre alt. Die Großmutter pflegte ihn zu Hause, was sie immens beanspruchte, und wodurch die Kraft fehlte, um für zwei Kinder gleichzeitig zu sorgen. Eines der Kinder musste zur Mutter zurückkehren, die nicht glücklich über die erneute Mutterrolle gewesen ist.

Die Wahl fiel dabei auf Sandra. Die pubertierende Zwölfjährige stellte eine größere Herausforderung für ihre Großmutter dar, als die jüngere, artige Schwester. Sie war eher der brave Typ und Sandra der rebellische. So landete Sandra wieder bei ihrer Mutter, die sie täglich spüren ließ, dass sie mit der Mutterrolle überfordert war. Ihre halbe Kindheit hatte Sandra bis dahin bei den Großeltern verbracht, ihre Mutter hatte in dieser Zeit kaum den Kontakt zu ihren Kindern gesucht. Er war meistens nur zu

»Pflichtterminen« zustandegekommen, etwa bei Geburtstagen oder zu Weihnachten oder an Sandras Kommunion 1979.
Es war um die Wende 1982/83, als Sandra in den Haushalt ihrer Mutter zurückkehrte, die sich aber mehr mit sich selbst als mit ihrem Erziehungsauftrag befasste. Das Zusammenleben dauerte nicht lange, die Probleme waren vorprogrammiert. Am Ende landete Sandra im Jugendheim.
Durch den unfreiwilligen Ortswechsel rissen die Kontakte zu Freundinnen ab, denn das Jugendheim, in dem sich Sandra bis 1984/85 aufhielt, befand sich in Gernsbach bei Karlsruhe. Innerhalb kurzer Zeit war Sandra aus ihrem gewohnten Umfeld gerissen worden. Monate später kam es bei ihrer Mutter zu einem unerwarteten Sinneswandel. Sie wollte Sandra wieder bei sich zuhause haben, hintergründig mögen finanzielle Überlegungen maßgeblich gewesen sein. Damit Sandra das Heim verlassen konnte, hatte ihre Tante (die Schwester ihrer Mutter) interveniert. Dass mit dem Sinneswandel auch ein Lebenswandel einherging, war natürlich nicht der Fall. Das Verhältnis zu ihrer Mutter verschlimmerte sich eher. Weiterhin verdingte sie sich in der Gastronomie und sprach immer häufiger dem Alkohol zu. Ständig kam es zwischen den beiden zum Streit. Dabei ist Sandras Mutter des Öfteren die Hand ausgerutscht. Sie hat Sandra einmal so heftig gestoßen, dass sie rücklings in den gläsernen Wohnzimmertisch fiel. Dabei hatte sie Glück, dass sie nicht ernsthaft verletzt wurde, da das Glas in Tausende kleine Teile zerbrach anstatt in wenige Scherben. Ein andermal hatte ihre Mutter so fest zugeschlagen, dass Sandra einen Schien- und Wadenbeinbruch erlitt und ins Krankenhaus kam und behauptete, über den Staubsauger gestolpert zu sein, weil sie nicht wieder zurück ins Heim wollte. Ob das Jugendamt davon erfuhr, bezweifelt Sandra. Und wenn sie ihrer Großmutter von Misshandlungen berichtete, schenkte diese ihr wenig Glauben, schließlich galt sie als aufmüpfig.
Mit 15 Jahren hatte Sandra eine Bäckerlehre angefangen und ein wenig gespart, obwohl ihre Mutter den größten Teil ihres

Lehrlingslohnes einbehielt. Sobald sie volljährig sein würde, wollte sich Sandra mit dem Geld eine eigene Wohnung leisten. Sie fieberte dem Tag entgegen, von ihrer Mutter wegzukommen. Aber dann musste sie feststellen, dass ihre Mutter ihr Erspartes geplündert hatte. Sie begann von Neuem zu sparen und schaffte es, mit 18 in eine Wohngemeinschaft einzuziehen.

Wegen der ungünstigen Arbeitszeiten im Bäckerhandwerk fand sie eine Anstellung im Lager eines Motorradzulieferers. Mit 20 Jahren ist Sandra in die erste eigene Wohnung gezogen. Ihre Mutter plünderte ein zweites Mal ihr Konto. Das bemerkte Sandra erst, als sie überraschend Post von einem Inkassobüro erhielt. Wie sich herausstellte, hatte ihre Mutter mehrmals auf Sandras Namen Waren bestellt und nicht bezahlt. Dass sie nicht früher dahinterkam, führt Sandra auf ihre Naivität als junge Frau und die Gutgläubigkeit ihrer Mutter gegenüber zurück. Obwohl die Beweislast erdrückend war, hat sie alles abgestritten. Von da an brach Sandra den Kontakt zu ihrer Mutter komplett ab. Das änderte sich auch nicht nach Nicos Geburt. Sie verbot ihm aber nie, seine Großmutter zu besuchen, im Gegenteil, erlaubte es ihm, wann immer er wollte.

Ihre Schwester hat sich mit der Mutter besser verstanden, aber sie hatte nicht mehr mit ihr unter einem Dach gelebt und kam nur zu Besuch. Ihr gegenüber erhob sie nie die Hand, weshalb sie bis heute nicht nachvollziehen kann, wie sie Sandra mitgespielt hat. Die seelischen Folgen sind lange spürbar und schlimmer als Gewalt, wenn man als Kind spürt, dass man von der eigenen Mutter nicht geliebt wird. Eine warme Mahlzeit war selten, ebenso ein Pausenbrot. Ob sie ihre Hausaufgaben erledigte, war ihr egal, natürlich erschien sie nie zu Elternabenden in der Schule und als Einzige in der Klasse durfte sie nie mit zu mehrtägigen Klassenfahrten, was für den Status in der Klassengemeinschaft nicht förderlich war. Diese Erfahrung wollte sie ihren eigenen Kindern ersparen, nahm sich Sandra vor, sollte sie selbst einmal Mutter sein.

Nach diesen körperlichen Misshandlungen setzte sich Sandra mehr als zuvor zur Wehr und verschaffte sich vorübergehend Respekt, indem sie auch mal zurückschlug.
Dass sich jemand um sie bemühte, das Gefühl, geliebt zu werden, lernte Sandra erst bei Mario kennen. Einige Monate, nachdem sie ein Paar geworden waren, zogen sie in eine eigene Wohnung, und nach sieben Monaten führte Mario sie zum Traualtar. Um ihre Beziehung zu ihrer Mutter aufzuarbeiten, hat Sandra einen Therapeuten aufgesucht und sich nach einem Gespräch entschlossen, den Kontakt zu ihr total abzubrechen. Um über die schwere Zeit hinwegzukommen, war dies erforderlich. Sandra hat danach mit Marios Unterstützung versucht herauszubekommen, weshalb sie als Zwölfjährige ins Heim gekommen war. Sie haben das Heim in Gernsbach aufgesucht. Sandra wollte wissen, ob es eine Entscheidung ihrer Mutter gewesen war, oder ob das Jugendamt dies in die Wege geleitet hatte. Doch nach über zehn Jahren existierten im Jugendamt keine Unterlagen mehr über ihren Fall und auch im Heim waren nach Ende der Aufbewahrungspflicht diese vernichtet worden. Sandra stellte schweren Herzens ihre Recherchen ein und begnügte sich damit, dass sie an Marios Seite endlich das unbeschwerte Leben führen konnte, dass sie sich immer gewünscht hatte.
Als Anekdote fügt sie an, dass Mario und ihre Mutter sich schon kannten. Mario erkannte, als Sandra ihn ihrer Mutter vorstellte, in ihr sofort die Bedienung aus der Kneipe, in der er sich manchmal mit Freunden aufhielt.
Sandra hatte sich ein Mal noch von ihrer Schwester zu einem Besuch überreden lassen, als diese ihr mitteilte, dass die Mutter an Leukämie erkrankt sei. Sie hatte, selbst den Tod vor Augen, keine Reue gezeigt. Bei diesem Besuch hatte Sandra ihre Mutter zum letzten Mal lebend gesehen. Sie hat sie zwar auf Bitten der Schwester noch einmal mit Mario im Krankenhaus aufgesucht, als diese im Sterben lag, aber bei ihrer Ankunft war sie bereits verstorben. So fand der Abschied auf dem Friedhof statt bei der Beerdigung, um die sich Sandras Schwester gekümmert hatte.

Sandras Leben nach dem Suizid

Nach Nicos Tod kehrten die Kindheitserinnerungen, die jahrelang im Verborgenen geschlummert hatten, zurück. Obwohl sie ihrem Sohn eine bessere Kindheit geboten hatte, als ihr selbst gegönnt war, hat er im Gegensatz zu ihr nicht überlebt. Sandra suchte bei sich nach dem Fehler und hinterfragte, was sie in all den Jahren falsch gemacht hatte.

Die Leere in ihrem Körper dehnte sich aus. Ihr Körper revoltierte gegen sie, immer häufiger trat Herzrasen auf. Stundenlang vermochte sie wie im Schockzustand zu verharren. Hinzu kamen Schlafstörungen und Appetitlosigkeit.

In den ersten vier Wochen nach Nicos Tod hatte sie fast nichts gegessen und etwa 20 Kilo verloren. Sie wurde sogar wütend auf Mario, weil er im Gegensatz zu ihr Appetit hatte und seine Kaubewegungen sie an Nico erinnerten. Ihre Nerven lagen blank, sie ernährte sich fast nur mehr von Kaffee und rauchte in dieser Zeit übermäßig, etwa täglich drei Päckchen. Schlafen konnte sie nur mithilfe von Schlaftabletten. Marios Versuche, Sandra aus ihrer Lethargie zu reißen, blieben erfolglos, zumal er selbst den Tod des Sohnes verarbeiten musste und nur äußerlich besser damit umgehen konnte. Erstmals erwog sie eine Trennung. Eine gemeinsame Fahrt in den Schwarzwald Ende November 2014 war der Versuch eines Ausbruchs aus dem selbst erschaffenen Gefängnis.

Das Wochenende außer Haus ließ die Trennungsgedanken zurücktreten und bekräftigte beide, die Krise, die in erster Linie die Suche nach einer akzeptablen Trauerbewältigung war, gemeinsam zu meistern. Im Falle einer Trennung wäre der damals siebenjährige Bruder Nicos, Emil, der Leidtragende gewesen. Er war rückblickend betrachtet der Nagel, der das fragile Familiengebilde zusammengehalten hatte. Emil sollte es besser haben, als es ihr in der Jugend ergangen war und nicht das Gefühl haben, Nicos Suizid ausbaden zu müssen.

Obwohl sich aus verständlichen Gründen keine Vorweihnachtsfreude einstellen wollte, stand für Sandra und Mario außer Frage, für Emil ein Weihnachtsfest zu organisieren. Es wäre ein falsches Signal gewesen, in der Zeit der Trauer Emil glauben zu lassen, dass Freude obsolet sei. Dass das erste Weihnachten nach Nicos Suizid dann eines wurde, an welches man sich lange erinnern wird, hatte jedoch einen anderen unerfreulichen Grund.

Sandra: Mir wurde es am Abend vor Heiligabend unter der Dusche plötzlich schwindlig. Meine linke Seite fühlte sich taub an und ich bemerkte, als ich nach Mario rief, Sprachstörungen wie nach einem Schlaganfall. Ich war völlig geschwächt. Mario musste mir aus der Dusche helfen, dann hat er mich auf die Couch gebettet, aber der Kreislauf wollte nicht in Schwung kommen. Es fühlte sich an, als würde mir jemand mit heißen Nadeln in den Kopf stechen. Trotzdem habe ich mich anfangs gesträubt, mich ins Krankenhaus bringen zu lassen. Erst als ich von Angst und Panik gepackt wurde, gab ich Mario nach.

Er teilte in der Notaufnahme seinen Verdacht auf einen leichten Schlaganfall mit, woraufhin ein EKG angeordnet sowie Blutdruck und Hirnströme gemessen wurden. Puls und Herzschlag wiesen keine Anomalien auf. Da auch die Untersuchungen keinen Hinweis auf eine körperliche Schädigung ergaben, konnte glücklicherweise ein Schlaganfall ausgeschlossen werden.

Dennoch wurde ich zur Beobachtung auf ärztlichen Rat über Nacht im Krankenhaus behalten. Dem Chefarzt der Neurologie habe ich von Nicos Suizid erzählt, der noch keine drei Monate zurücklag und präsent war, da wurde ihm klar, dass es sich bei meinem Schwächeanfall um einen Nervenzusammenbruch handelte.

Meine Sprach- und Gleichgewichtsstörungen hielten eine Weile an. Außerdem wurde dem Verdacht auf Multiple Sklerose[2]

[2] Die multiple Sklerose (MS) oder Encephalomyelitis disseminata (ED) ist eine autoimmune, chronisch-entzündliche neurologische Erkrankung mit unterschiedlichen Verlaufsformen. Quelle: wikipedia

nachgegangen, der sich zum Glück nicht bewahrheitete. Hinzu kam, dass ich durch meine Askese an Gewicht verloren und den Körper gewaltig geschwächt hatte. Ich musste wieder mehr essen, um zu Kräften zu gelangen, aber das ist leichter gesagt als getan. Es war ja nicht so, dass ich mich bloß geweigert habe zu essen, sondern vielmehr ekelte ich mich vor den Speisen. Ich konnte zeitweise nichts schmecken. Egal, was ich zu essen versuchte, schmeckte unappetitlich.
Mir wurden Antidepressiva verordnet, und ich blieb noch über Silvester in der Klinik. Somit mussten Mario und Emil ohne mich Weihnachten feiern.
Am 3. Januar wurde ich entlassen und vom Neurologen ambulant weiterbehandelt. Dieser hat mir zu einer Therapie geraten und sich gleich darum gekümmert.
Mario: Sandra und ich wollten eine gemeinsame Therapie machen, da auch ich seelisch unter Nicos Suizid gelitten habe. Dies war aber nicht möglich, das heißt, von ärztlicher Seite nicht erwünscht. Der Grund ist einleuchtend: Zusammen wird man sich genieren, gewisse Probleme darzulegen, über die man alleine mit einem Therapeuten eher bereit ist zu reden – sei es, um den Partner nicht zu verletzen oder um keine Schwäche zu zeigen. Also begaben wir uns bei unterschiedlichen Therapeuten in Behandlung.
Sandra: Bis Mai 2016 ging ich regelmäßig zu meiner Therapeutin, zunächst einmal, später zweimal pro Woche und danach alle vier Wochen. Die vorrangige Therapie war im Mai 2016 beendet, trotzdem räumte die Therapeutin mir darüber hinaus die Möglichkeit ein, sie bei Bedarf zum Einzelgespräch aufzusuchen. Wegen meiner Gefühlsausbrüche wurde die Therapie etwa ein Jahr ausgesetzt, inzwischen sind wieder nach telefonischer Vereinbarung Besuche möglich. Ich bin meiner Therapeutin sehr dankbar, dass sie trotz meiner Erregungen und damit verbundenen Beleidigungen zu mir gehalten und meine Überreaktionen verziehen hat. Um mich besser unter Kontrolle zu haben, hat man mir Mirtazipin verschrieben.

Mirtazipin ist ein Mittel gegen Depressionen und dient außerdem zur Therapie der generalisierten Angststörung, sozialen Phobie, Panikattacken und Schlafstörungen.

Sandra: Alles Symptome, die nach Nicos Suizid bei mir auftraten. Ob es an den Nebenwirkungen lag oder daran, dass ich in meiner tiefsten Trauerphase überaus reizbar war – auf jeden Fall musste meine Therapeutin mit mir einiges aushalten. Oft habe ich bei ihr meinen Frust abgeladen, war nicht immer ich selbst und sehr dünnhäutig. Ich erinnere mich, dass ich sie einmal verbal angriff. Was wisse sie schon von Familie , wo sie doch keine eigenen Kinder habe! Obwohl ich es ihr nicht immer leicht gemacht habe, hat sie mich nicht fallen lassen und die Therapie mit mir durchgezogen. Dafür bin ich sehr dankbar, denn alleine hätte ich es, auch nicht mit Marios Hilfe, der ebenfalls mir gegenüber ein dickes Fell zulegen musste, geschafft.

Wir hatten ein paar Wochen nach Nicos Suizid Bekannte zum Grillen eingeladen. Mario stand unten am Grill und ich wollte die Teller runter in den Garten tragen. Plötzlich bekam ich einen Wutanfall und schmiss das ganze Geschirr über den Balkon auf die Wiese. Ich hasste mich dafür, eine Gartenparty zu machen, wo doch mein Sohn tot war. Mario hat mir noch nicht einmal eine Szene gemacht, obwohl durch eine Scherbe Emil an der Wade verletzt wurde.

Selbst jetzt, nach dem Ende der offiziellen Therapie, darf ich meine Therapeutin hin und wieder aufsuchen und mich bei ihr aussprechen. Ohne Übertreibung kann ich behaupten, dass ich ohne sie nicht mehr leben würde!

In diesem Kontext erzählt Sandra, dass sie ihr zudem geraten habe, sich in eine Psychiatrie zu begeben. Die Therapeutin hatte aus den Gesprächen herausgehört, dass Sandra suizidgefährdet war.

Sandra: Ich konnte nicht aufhören, ständig an Nico zu denken und mir selbst Schmerzen zuzufügen, um mich abzulenken und zu betäuben. Es ist so, als wenn man ein heranziehendes Buschfeuer durch ein Gegenfeuer zu löschen versucht.

In dieser Phase haben Mario und ich nicht mehr miteinander, sondern bloß nebeneinander her gelebt. Die Scheidung schwebte wie ein Damoklesschwert über uns. Damit ich überhaupt arbeiten konnte – ich war inzwischen wieder halbtags berufstätig – nahm ich heimlich, ohne Marios Wissen, Drogen. Aber so was kommt schneller heraus, als man denkt.

Einmal bin ich verspätet zum Termin mit meiner Therapeutin gekommen, weil ich unterwegs von der Verkehrspolizei angehalten worden war. Ich war zu schnell unterwegs und wurde zudem mit dem Handy am Ohr ertappt. Dazu kam, dass ich dem Polizisten gegenüber barsch geworden bin, woraufhin ich eine Fahrzeugkontrolle über mich ergehen lassen musste. Zum Glück hatten sie keine Drogen gefunden. Nach Ankündigung eines Bußgeldbescheides durfte ich weiterfahren.

Bei meiner Therapeutin überfiel mich eine hektische Unruhe, als ich ihr den Zwischenfall schilderte. Diese nahm Rücksprache mit Kollegen und teilte mir mit, dass sie die Therapie mit mir nicht fortsetzen könne, solange ich unter dem Einfluss von Drogen stünde.

Ich wollte die Therapie nicht unterbrechen, da sie mir Halt gab. Ich habe Mario alles gebeichtet. Er hatte geahnt, dass ich heimlich Drogen nahm, war sich aber nicht sicher und wollte mich nicht aus einem falschen Verdacht heraus reizen. Bei der Aussprache habe ich gemerkt, was ich an Mario habe. Andere Männer hätten mir längst den Rücken gekehrt, aber er hat immer an uns geglaubt!

Ich habe aufgehört, Drogen zu nehmen, denn die Therapie durfte ich erst wieder fortsetzen, nachdem ich nachweisen konnte, clean zu sein. Dies geschah mittels Urinprobe durch meinen Hausarzt. Mit seinem Befund bin ich zu meiner Therapeutin und durfte die Therapie fortsetzen. Wie gesagt, besuche ich sie noch heute gelegentlich. Ich nenne sie »Meine gute Fee«, da sie mir sehr geholfen hat, als ich am Boden war. Einmal mehr bin ich meiner Therapeutin dankbar für ihr Einfühlungsvermögen. Mit ihrer direkten und offenen Art hat sie mich zum rechten

Zeitpunkt wachgerüttelt. Ich war eine tickende Zeitbombe und sie hat mir zurück geholfen ins Leben.
Ich habe langsam wieder mit dem Essen angefangen und Sport zu treiben. Ich war all die Jahre immer recht sportlich gewesen, nach Nicos Tod habe ich das eine Zeit lang vernachlässigt.
Zuletzt hatte ich Sport getrieben in der Reha. Dort befanden wir uns April/Mai 2015 nach meiner Entlassung aus dem Krankenhaus. Die Therapie hatte im Februar 2015 begonnen. Zur Reha gehörte ein umfangreiches Sportprogramm. Ich habe herausgefunden, dass ich mich dabei herrlich austoben konnte und keinen menschlichen Blitzableiter mehr brauchte. Am meisten bin ich gelaufen, wobei ich weinen und schreien konnte. Ich habe mich bis zur Erschöpfung vorangetrieben. Wenigstens jeden zweiten Tag bin ich auf die Laufpiste und bis zu 20 Kilometer gerannt.
Sandra hat außerdem gelernt, dass man nach dem Verlust eines geliebten Menschen verschiedene Trauerphasen durchläuft, die in einer bestimmten Reihenfolge ablaufen. Anfangs erlebt man eine emotionale Achterbahnfahrt mit Ups und Downs und fragt nach dem Sinn des Lebens, hinterfragt die eigene Existenz.
Sandra: Nicos Suizid hat mich vor schier unlösbare Herausforderungen gestellt. Wie eine Flipperkugel wurde ich in den Alltag geschossen und konnte mich nirgendwo festhalten. Alles sauste um mich herum: Wut, Verzweiflung, Angst, Schmerz, Sinnsuche, Akzeptanz. Am stärksten war dieser Cocktail kurz vor und nach Nicos Todestag oder wenn es auf Weihnachten zuging oder an seinem Geburtstag. Wenn inzwischen auch wieder Weihnachten ein Fest der Freude ist, wird es ohne Nico nie wieder so sein wie früher.
Mit gewissen Ritualen gedenken wir weiterhin seiner. Zum Beispiel decken wir an Weihnachten für ihn mit. Dann hat er einen Platz bei uns am Tisch, und ich hoffe, wenn seine Seele bei uns ist, er merkt, dass er nie vergessen sein wird. An seinem Geburtstag backe ich nach wie vor seinen Lieblingskuchen. Emil

hatte die Idee, vom Weihnachtsbaum einen Zweig abzuschneiden und ihn auf Nicos Grab zu legen, damit dieser auf spirituelle Weise am Weihnachtsfest teilnehmen kann.
Von Zeit zu Zeit suche ich die Stelle auf, an dem Nico aus dem Leben geschieden ist. Sie befindet sich nur etwa einen Kilometer Luftlinie von unserem Haus entfernt. Dann setze ich mich unter den Baum, an dem er gefunden wurde, und denke fest an ihn.
Eines Tages begegnete mir dabei ein Mann, der meine Zeremonie störte. Er kam den Pfad herauf und erzählte, dass dort, wo ich jetzt saß, sich kürzlich ein Junge umgebracht habe. Mit einem Kopfschuss. Der Mann führte dabei eine imaginäre Waffe an seinen Kopf. Ich kannte ihn nicht, er mich natürlich auch nicht, sonst hätte er sich die Peinlichkeit erspart. Er merkte, dass ich nicht gesprächig war, und ist dann weitergezogen. Ich war erleichtert, sein Monolog erschien mir eine Ewigkeit zu dauern. Normalerweise bin ich nicht auf den Mund gefallen, aber ich war wie gelähmt. Ich hörte meine Stimme im Kopf, wie ich ihn zurechtwies, aber es kam kein Ton über meine Lippen. Offenkundig war ich zu überrascht von seinem Auftritt, außerdem ist mir diese Stelle heilig. Ich würde ja auch nicht an Nicos Grab einen Streit vom Zaun brechen. Aber meine Meditation hatte er sabotiert. Zum Glück sind wir uns nicht wieder begegnet. Es war das einzige Mal, dass ich an Nicos Todesort gestört worden war.
Auf wundersame Weise geht das Leben weiter. In den dunkelsten Stunden habe ich das nicht für möglich gehalten, aber dank meiner Therapeutin habe ich gelernt, wieder aufzustehen. Als ich alles hinwerfen und Mario verlassen wollte, hat sie zu mir gesagt: »Sandra, schau mal auf dein Leben zurück, darauf, woher du kommst, deine Jugendzeit. Im Gegensatz zu vielen Menschen in ähnlicher Lage hast du etwas aus deinem Leben gemacht und erreicht. Eigentlich war dein Werdegang vorgezeichnet: Sozialer Abstieg, Drogen-, Alkoholprobleme, aber du bist eine Kämpferin und hast dich nicht treiben lassen, sondern

dein Schicksal selbst in die Hand genommen. Jetzt, da du so viel erreicht hast, eine Familie, ein Eigenheim, einen Beruf, soll das alles umsonst gewesen sein? Du hast es so weit gebracht, das alles mit einem Handstreich wieder wegzuwerfen, ergibt doch keinen Sinn.«

Das war kurz nach Nicos Suizid. In den ersten Wochen danach begruben Wut und Enttäuschung das Gute, Bewahrenswerte wie eine geleeartige Masse unter sich und erschwerte das Vorwärtsgehen. Das Irrationale versperrte den Blick auf das Rationale. Sandra wandelte auf einem schmalen Grat zwischen Leben und Tod.

Sandra: Wenn ich mit dem Hund zum Spazieren unterwegs war, hatte ich immer eine zweite Hundeleine dabei, weil ich mit dem Gedanken spielte, mich unterwegs aufzuhängen. Ich überließ mein Schicksal ganz meinen Gefühlen. Ob ich wieder nach Hause kam oder nicht, war so offen wie der Ausgang beim Russisch Roulette. Um die anderen machte ich mir keine Sorgen. Suizidgedanken sind eine extreme Form von Egoismus. So ähnlich muss es Nico ergangen sein. Wer weiß, was passiert wä re, wenn ich alleine unterwegs gewesen wäre. Als ich mir vorgenommen hatte, es zu tun, da musste ich an meinen Hund denken. Wie würde er ohne mich zurück nach Hause finden? Würde er im Wald herumlaufen und womöglich von einem Jäger erschossen werden? Die Sorge um meinen Hund hielt mich davon ab, den letzten Schritt zu tun. Ist es nicht erstaunlich, was solch ein kleines Wesen bewirken kann?

Danach waren die Suizidgedanken erst einmal zurückgestellt, aber zurückblieb der Selbsthass. Ich wollte mit meinen Depressionen meine Familie nicht länger belasten und setzte mich mit Mario zusammen. Gemeinsam überlegten wir, ob Scheidung eine Option sei. Nein, es war keine Lösung. Es war gut, dass wir uns mal wieder aussprachen. Wir hatten beide bemerkt, wie weit wir uns voneinander entfernt hatten und nicht mehr das Team bildeten, das einst durch dick und dünn gegangen war. Ich war der Meinung, ich täte Mario einen Gefallen, wenn ich mir eine eigene Wohnung suche und in der Trennungszeit jeder für sich herausfinden könne, ob eine Scheidung nicht das Beste für alle sei.

Mario wollte keine Trennung. Nie. Er fürchtete, dass dies nicht funktioniere und im Prinzip nur eine hinausgezögerte Scheidung sei.

Mir wurde klar, dass meine eigenen Probleme die Sicht auf seine verdeckten. Ich hatte ganz vergessen, dass Mario genauso wie ich unter Nicos Suizid litt und er ebenso wie ich deswegen in Therapie war. Aber er hat sich in dieser Zeit immer zusammengerissen, weil er mich nicht zusätzlich damit belasten wollte. Indem er alles in sich gefressen hatte, hatte ich den Eindruck, dass er viel leichter als ich mit der Situation zurechtkomme, ja es führte so weit, dass ich glaubte, diejenige zu sein, die alleine die Probleme habe.

Mario hat mich gefragt, was er falsch gemacht habe. Das hat mich wachgerüttelt. Wieso glaubte er, etwas falsch gemacht zu haben? Er war doch der Fels in der Brandung und ich die Stange Dynamit! Mein oft abweisendes Verhalten hatten diesen Eindruck hinterlassen. Ja, ich war wütend, wenn mich sein Kauen an Nico erinnerte, als wolle er ihn absichtlich imitieren, dabei ist es nicht ungewöhnlich, wenn Väter und Söhne die gleichen Marotten entwickeln, und früher hat es mich eher amüsiert oder gefreut, wenn Marios und Nicos Gestik und Mimik sich ähnelten.

Mir wurde klar, wie man sich unnötigerweise gegenseitig das Miteinander schwermacht und mit Scheuklappen vor den Augen geradeaus geht, aber der Weg führt nicht immer geradeaus.

Dieses Gespräch führten wir bei einem Wochenendausflug in den Schwarzwald im November nach Nicos Suizid. Unter dem Vorwand, ein Tapetenwechsel würde uns beiden in der aktuellen Verfassung guttun, sind wir dorthin gefahren, erst vor Ort erfuhr Mario, dass ich mit ihm über eine Trennung reden wollte. Um ehrlich zu sein, wollte ich ihn dazu bringen, dass er mich verlässt, damit ich diesen Schritt nicht selbst tun musste und weil ich mich selbst bestrafen wollte. Ich wollte verlassen werden, weil ich es verdiente. Heute weiß ich, dass ich nach Nicos Suizid unter mangelndem Selbstbewusstsein und vermindertem Selbstwertgefühl litt.

Ich bin ein impulsiver Typ und brauchte die Aussprache als Ventil. Mario ist der ruhige und besonnene Typ, ein Schlichter und Deeskalierender. Aber auch seine Geduld ist nicht grenzenlos. Zum Glück kennt er mich – manchmal besser als ich mich selbst – und hat mir gezeigt, dass er die gleichen Verlustängste nach Nicos Suizid hat wie ich. Wäre er damals nicht so besonnen gewesen, wären wir heute nicht mehr zusammen. Rückblickend wirkt es schon ein wenig befremdlich, denn heute kann ich mir ein Leben ohne Mario nicht mehr vorstellen! Damals war es nicht das Happy End, aber ein vielversprechender Anfang.

Sandra: Meine Probleme konnte Mario nicht alleine lösen, da benötigte ich professionelle Unterstützung. Ich habe mich freiwillig vier Wochen in die Psychiatrie begeben. Dort kam ich zunächst in die geschlossene Abteilung. Zufällig wurde mir das selbe Zimmer zugewiesen, in dem Nico seinerzeit untergebracht war. Natürlich war das für mich inakzeptabel. Der Arzt, der sich mit Sicherheit noch an Nico erinnerte und wusste, dass ich seine Mutter bin, bat um Entschuldigung, aber es sei momentan kein anderes Zimmer frei. Daraufhin habe ich es vorgezogen, meine erste Nacht in der Psychiatrie im Sitzen auf dem Flur, gegen die Wand gelehnt, zu verbringen. Ich konnte mich nicht dazu überwinden, in dem selben Zimmer, womöglich selben Bett zu schlafen, in dem Nico geschlafen hatte, bevor er sich einige Wochen später umbrachte.

Am nächsten Tag war ein Bett frei. Vielleicht hatte man aber nur ein Einsehen und ein anderer Patient musste das Zimmer mit meinem tauschen. Ich bekam in den ersten Tagen ein extrem wirksames Beruhigungsmittel: Tavor.

Tavor ist ein sogenannter Tranquilizer, ein verschreibungspflichtiges beruhigendes und angstlösendes Arzneimittel. Nach der

Einnahme fühlte sich Sandra benebelt. Die Wahrnehmung ließ nach und die Reize von außen drangen nur noch gedämpft zu ihr vor. Ein vermindertes Reaktionsvermögen, starke Müdigkeit, Abfall des Blutdrucks und Muskelschwäche traten als Nebenwirkungen in Erscheinung.

Sandra: Ich fühlte mich wie eine Schlaftablette! Dein Hirn arbeitet nur noch im abgesicherten Modus. Du sitzt vor deinem Essen und weißt nicht mehr, wie man mit Messer und Gabel isst. Ich habe Patienten beobachtet, die haben deswegen mit den Fingern gegessen.

Von der Betreuung hatte sich Sandra mehr versprochen. Der Alltag bestand für sie aus reiner Beschäftigungstherapie: Basteln und Malen, Basteln und Malen ... Ärzte bekam sie nur bei der Visite kurz zu Gesicht. Kein Therapeut kümmerte sich um sie. Bei der Entlassung meinte man lapidar, man habe sie wohl vergessen! Während des Aufenthaltes schlugen diese Ärzte ihr eine Lithiumtherapie[3] gegen die Suizidgedanken vor. Als Laie fragt man sich, ob damit der Akku wieder aufgeladen werden soll. Mit Lithium in Verbindung bringt man eher etwas Giftiges, das in Batterien enthalten ist. Sandra lehnte in Rücksprache mit Mario die Lithiumtherapie ab. Sie fühlte sich nicht manisch-depressiv mit einem Hang zur Persönlichkeitsstörung, sondern sie suchte einen Weg der Trauerbewältigung, einem Weg, der den Verlust ihres Sohnes erträglich macht. Stattdessen wurde von nun an Tavor reduziert verabreicht.

Das war eine Woche vor der Entlassung. Als Sandra die Nebenwirkungen der Lithiummedikamente ansprach, erwiderte der Arzt, dass auch Aspirin eine Menge Nebenwirkungen habe, aber sich kaum jemand die Mühe mache, den Beipackzettel zu studieren.

[3] Bei der Lithiumtherapie wird Lithium in Form einiger seiner Salze bei bipolarer Störung, Manie oder Depressionen einerseits als Phasenprophylaktikum, andererseits auch zur Steigerung der Wirksamkeit in Verbindung mit Antidepressiva eingesetzt. Quelle: wikipedia

Da die Begleitung der Maßnahme durch einen Therapeuten nicht gegeben war, wollte Sandra nur mehr die Behandlung in der Psychiatrie so schnell als möglich hinter sich bringen. Sie wusste, dass sie dazu jede Maßnahme mitmachen und sagen musste, was die Ärzte hören wollten. Einen Aufstand zu riskieren, hätte nur bewirkt, dass der Aufenthalt in der Psychiatrie zu ihrem Eigenschutz verlängert worden wäre – auch gegen ihren Willen.
In den ersten Tagen wollte Sandra nicht von Mario besucht werden, zumal es im Sinne der Ärzte war, die Patienten möglichst von dem gewohnten Umfeld fernzuhalten zum Zwecke eines größeren Therapieerfolgs. Sie wollte nicht, dass Mario sie wie ein Zombie durch die Gänge schlurfen sah.
Nach dem Abschlussgespräch mit den Ärzten, an dem Mario teilnahm, aber wieder kein Therapeut zugegen war, wurde sie als geheilt entlassen.
Sandra: Nach dieser Selbsterfahrung kann ich Nico verstehen. Ich bin mir sicher, dass er hier seine Suizidpläne insgeheim konkretisierte und wie ich nur hier wegkommen wollte, bevor man ihn willenlos machte. Wie ich? Nun, auch in mir entstanden Suizidgedanken. Es ist schon verrückt: Da mache ich freiwillig die Therapie, um von meinen Suizidgedanken geheilt zu werden, aber dann steigert der Aufenthalt in der Psychiatrie sogar diesen Wunsch, weil man neben der Psychiatrie nur mehr den Tod als Alternative sieht. Ich frage mich, ob das den Ärzten egal ist. Haben die sich überhaupt gefragt, ob ich ihnen bloß etwas vorspiele, um rauszukommen?
Der Aufenthalt in dieser Psychiatrie – es mag bessere Einrichtungen geben – hat mir nichts gebracht. Ich habe keine individuelle Betreuung genossen, sondern wurde lehrbuchgemäß therapiert. Ich war der Meinung, dass die Therapie keinen Nutzen habe und ich nicht wie jemand, der suizidgefährdet ist, behandelt wurde, obwohl genau das der Grund meiner Aufnahme war, sondern wie jemand, der an einer Persönlichkeitsstörung leidet. Dabei habe ich mich beobachtet und nicht wie eine andere Person gefühlt.

Aus diesem morbiden Dickicht habe ich erst dank der Hilfe und Geduld meiner Therapeutin herausgefunden. Die Suizidgedanken wurden von meinen Versagensängsten geschürt. Ich redete mir ein, etwas in der Erziehung falsch gemacht zu haben, sonst hätte Nico sich nicht suizidiert, und böse Zungen haben mir das auch schonungslos an den Kopf geworfen, vor allem Menschen aus dem verwandtschaftlichen Umfeld. Als Beispiel fällt mir die WhatsApp-Nachricht meiner Cousine ein. Ich zitiere: »Billige Hotelangestellte & Frührentner. Sohn, der sich erschossen hat, alles richtig gemacht. Geil!«
Die Trauer schafft leicht eine Hintertür, durch die man den Vorwürfen Glauben schenkt. Wenn einem der tote Sohn häufig im Traum mit der Pistole in der Hand erscheint, sieht man darin ein Schuldeingeständnis.
Es fällt mir auch heute noch nicht leicht, Nicos Zimmer zu betreten. Es ist nicht so, dass wir alles unberührt gelassen hätten. Einige Sachen haben wir weggeworfen. Was bringt es, all seine Klamotten aufzuheben und so zu tun, als wäre er nur verreist? Natürlich gibt es noch Gegenstände, die mir, wenn ich sie in die Hand nehme, das Empfinden wecken, ihm besonders nah zu sein. Früher habe ich mich oft auf Nicos Bett gelegt und an seiner Bettwäsche gerochen. Eine liebe Arbeitskollegin von mir hat aus Nicos Lieblingsshirt einen Schal hergestellt.
Andererseits ruft ein allzu langer Aufenthalt in seinem Zimmer wieder die ganze Traurigkeit hervor und zieht mich herunter. Es ist nicht einfach, die richtige Balance zu finden: Auf der einen Seite will ich mich gerne an ihn erinnern, lasse die guten wie die schlechten Zeiten vor meinem inneren Auge Revue passieren. Auf der anderen Seite muss ich aber realisieren, dass er nicht mehr da ist und nie mehr nach Hause kommt, wo ich aber noch einen Mann und einen zweiten Sohn habe, die mich genauso brauchen, wie ich sie. Die Gegenwart kann ich beeinflussen und versuchen, alles richtig zu machen, aber die Vergangenheit lässt sich nicht mehr ändern. Was geschehen ist, ist geschehen, und alles zu verklären, wäre nur Selbstbetrug.

Man muss offen damit umgehen. Ich habe noch gar nicht darüber geredet, was es für Emil bedeutet, plötzlich keinen Bruder mehr zu haben. Er versteht heute, bald sechs Jahre nach Nicos Suizid, besser, was damals passiert ist, denn als Siebenjähriger. Jetzt, da ich von mir behaupten kann, mich wieder im Griff zu haben, achtet man auf jeden Schritt, den man unternimmt. Es schwingt im Hinterkopf ja weiterhin der Gedanke mit, einen schwerwiegenden Fehler begangen zu haben. Man quält sich mit der Frage, ob man den Suizid nicht doch hätte verhindern können. Diesen Fehler oder diese Sorglosigkeit will man nicht ein zweites Mal begehen.

Früher dachte ich, Nicos Tod hätte einen tiefen Riss in der Familie hinterlassen, der nicht mehr zu schließen sei, weshalb eine Trennung keinen weiteren Schaden mehr verursachen würde. Aber wir sind weiterhin eine Familie, nicht bloß eine Dreiviertelfamilie. Nico ist in unseren Herzen und unsere Gedanken an ihn schließen die Lücke.

Natürlich war und ist es auch für Emil nicht leicht. Wir reden oft mit ihm über Nico, aber trotzdem soll ihm professionell geholfen werden, daher besucht auch er regelmäßig eine Therapeutin.

Mario: Es war für ihn am Anfang schwer, wenn auf dem Schulhof einige Mitschüler abwertende Bemerkungen fallen ließen, aber das Lehrerkollegium an der Grundschule reagierte vorbildlich und war äußerst bemüht, Emil in den Schulalltag zu integrieren und zu verhindern, dass Mitschüler ihn als Exoten betrachteten. Der Schuldirektor hat jeden Ansatz, auf Emils Kosten Späße zu machen, gleich im Keim erstickt.

Marios Leben bis zum Suizid

Wenn Marios Vorgeschichte kürzer ausfällt als die Sandras, bedeutet dies nicht, dass es für ihn leichter war, über Nicos Tod hinwegzukommen oder in seiner Jugend alles eitel Sonnenschein gewesen sei. Wenn er auch in einer »richtigen« Familie aufwuchs, war seine Jugend nicht unbeschwert. Daher kann er gut nachvollziehen, wie sehr Sandra in ihrem Leben kämpfen musste.

Mario wuchs als der jüngste von vier Söhnen auf. Sein Vater war in der Nachbarschaft und im Dorf ein respektierter Mann, der innerhalb der Familie aber mit harter Hand regierte. Schläge waren an der Tagesordnung, manchmal aus nichtigem Anlass oder »einfach so«. Die Mutter sah tatenlos zu, bekam auch seine Schläge gelegentlich ab.

Mit der häuslichen Gewalt ging jeder Sohn anders um. Der eine kam besser als der andere darüber hinweg. Mario war froh, als er volljährig war und sich mit 22 Jahren eine eigene Wohnung leisten konnte. Er hatte eine Ausbildung im Kohlenbergwerk als Bergmechaniker absolviert und arbeitete 13 Jahre unter Tage. Er sehnte sich nach einer harmonischen Partnerschaft, wollte aus diesem gefühlskalten Gefängnis ausbrechen und, sollte er mal eigene Kinder haben, mit diesen nicht so umspringen, wie es sein Vater zur Genüge exerziert hatte.

Als er Sandra begegnete, sah er in ihr eine Gleichgesinnte. Sie brauchte eine Weile, bis sie dies erkannte, wohingegen es für Mario Liebe auf den ersten Blick war. Er blieb jedoch beharrlich und ließ sich von ihrer anfänglichen Abneigung nicht beirren. Es war der Augenblick gekommen, wo man über seinen Schatten springen musste, sich nicht länger von der Diktatur der Eltern unterjochen lassen durfte, deren Einfluss selbst nach dem Auszug weiterhin das Denken beeinflusste.

Ohne das erforderliche Selbstbewusstsein wäre Sandra nicht zu erobern gewesen. Sie war keine Prinzessin auf der Erbse, er

war bloß nicht ihr Typ. Ihre fehlende Zuneigung musste er durch die herzliche Präsentation seiner inneren Werte gewinnen. Immer häufiger lief er ihr »zufällig« über den Weg, manchmal war sie in Begleitung ihrer Freundinnen, die ihn zum Glück sympathisch fanden und insgeheim wohl ihren Beitrag leisteten, dass sie schließlich einwilligte, mit ihm auszugehen.
Es war nicht geplant, aber sie verbrachten nach dem Date die erste Nacht miteinander. Am nächsten Morgen war sich Sandra zunächst noch sicher, dass es nicht mehr als ein »one night stand« sei und eher der Alkohol, vielleicht noch eine Portion Einsamkeit, ihre Finger im Spiel hatten.
Seltsamerweise bekam sie ihn aber den ganzen Sonntag nicht mehr aus dem Kopf. Irgendetwas war anders als vorher. Sie konnte es sich nicht erklären. Manchmal ist man selbst überrascht, wie schnell man sich in jemanden verliebt. Es gibt ja das Sprichwort: Wo die Liebe hinfällt ... Oft geschieht es unbewusst. Vermutlich verhält es sich so, dass man nicht die Liebe findet, sondern von ihr gefunden wird.
So kam es sieben Monate nach dem Zusammenziehen im Mai 1993 zur Hochzeit.
Dann kam 1995 Nico zur Welt, eine größere Wohnung wurde gefunden und, als mit Emil sich weiterer Nachwuchs ankündigte, schien das Glück perfekt. 2011 hat sich die Familie in dem Dorf, in dem Mario aufgewachsen ist, ein Haus gekauft. Zuvor, 2005, war bereits sein älterer Bruder Michael in seinen Heimatort zurückgekehrt. Mit ihm verstand er sich unter seinen Brüdern am besten, weshalb ihn sein früher Tod bitter traf, wohingegen der Kontakt zu den beiden anderen Brüdern sich allenfalls auf Geburtstage oder größere Festlichkeiten beschränkte. Nach Nicos Tod brachen die Kontakte völlig ab. So wie Sandras Schwester ihr zu verstehen gab, dass sie ihr eine Schuld an Nicos Suizid ankreidete, so spürte auch Mario, dass seine Brüder, abgesehen von Michael, ihm, wenn auch nicht so unverhohlen, Vorwürfe machten. Der Grund dafür könnte Nico unabsichtlich selbst geschaffen haben. Zu seiner Tante, Sandras Schwester, stand er in der Ju-

gendzeit häufig in Kontakt, was jedoch von Sandra und Mario ausdrücklich toleriert wurde. Von Zeit zu Zeit lebte Nico seine blühende Fantasie aus. Erinnert sei hier, dass er mal behauptete, dass seine Mutter nicht koche oder manchmal das Wasser abstelle, damit er sich nicht waschen könne. Das klang völlig abstrus, aber vielleicht schenkt man gerade deshalb solchen Verschwörungstheorien Glauben.

Dass der Bergbau im Saarland sich ab Mitte der 90er Jahre seinem Ende neigte, war dagegen kein Geheimnis. Bevor er sich in naher Zukunft einen neuen Job suchen musste, trat Mario im Oktober 1995 eine Umschulungsmaßnahme zum Krankenpfleger an, als welcher er danach bis Ende 2010 bei der Arbeiterwohlfahrt (AWO) arbeitete. Mit Beginn des Jahres 2011 fand Mario eine Anstellung als Pflegeberater im Verbund der Ersatzkassen (VdEK), wo er bis heute arbeitet. Dabei kommt er mit vielen Familienschicksalen in Berührung, von denen einige ihm nicht fremd sind.

Mario erinnert sich, dass er in seiner Jugend, wie Sandra, auf Zuneigung verzichten musste. Dem Vater rutschte oft die Hand aus, sobald er nur eine Minute später als vereinbart nach Hause kam, die Mutter sah meistens weg. Sein Vater zog die Erziehung durch, wie er sie von seinem Vater und dieser wiederum von seinem Vater erfahren hatte. Diesen Teufelskreis wollte Mario durchbrechen, wenn er eigene Kinder hatte.

Mario: Ich war etwa vier oder fünf Jahre alt, da wurde meine Oma beerdigt. Ich stand am Grab, an der Hand meines Opas und weinte. Daraufhin wurde ich von ihm gemaßregelt mit den Worten: »Männer weinen nicht!« Fünf Jahre später standen wir an seinem Grab und ich habe mich an seine Worte erinnert.

Mein Vater ist schon lange tot und meine Mutter lebt seit Jahren in einem Seniorenheim, ist hochgradig dement. Anfangs habe ich sie noch regelmäßig besucht, aber nachdem sie mich nicht mehr erkannte, wurden die Besuche immer seltener.

Nach Nicos Suizid suchte ich wie Sandra einen Therapeuten auf, weil ich nicht mit der Trauer umgehen konnte und ich meine Probleme von Emil fernhalten wollte. Dabei habe ich eine Menge über mich selbst erfahren. Da muss man erst fast 50 Jahre alt werden, um zu lernen, dass Männer durchaus weinen dürfen.

»Lachen ist gesund!« Diesen Spruch wird jeder unwidersprochen unterstreichen. Das Befreiende, das vom Lachen ausgelöst wird, hat jeder schon erfahren. Niemand nimmt daran Anstoß, wenn man Tränen lacht. Aber wie schaut es aus, wenn ein erwachsener Mann in unserer Gesellschaft weint? Weinen ist doch bloß ein Gefühlsausbruch wie Lachen. Trotzdem gilt es als Zeichen von Schwäche und überhaupt nicht männlich. Ich habe dieses Gefühl nach Nicos Tod anfangs versucht zu unterdrücken, bis ich ein paar hilfreiche Sitzungen mit meinem Therapeuten hatte. Ich habe gelernt, dass es keine guten und schlechten Gefühle gibt. Weinen hat seine Gleichberechtigung neben dem Lachen. Das Leben beschert uns lustige und frohsinnige, aber ebenso traurige und deprimierende Momente, und wenn man sich ihnen verschließt, betrügt man sich nur selbst. Wie will man sich seinem Partner mitteilen, wenn man nicht in guten wie in schlechten Zeiten authentisch bleibt? Wenn man zu seiner Trauer steht, signalisiert man auch Vertrauen.

Marios Leben nach dem Suizid

Mario: Wenn ich mich heute an Nico erinnere, ist der Schmerz zwar unverändert der gleiche, aber ich gehe besser oder anders als vorher mit ihm um. Sandra und ich agieren ebenso anders als früher miteinander. Wir sind wieder ein Team.
Nach Nicos Suizid hing das ganze Familiengebilde am seidenen Faden. Zuhause hielt sich alles in Grenzen, aber sobald ich draußen war, ist die Stimmung rasch umgeschlagen. Ich fühlte mich beobachtet, manchmal verfolgt, stigmatisiert. Ich versuchte, nur zu funktionieren. Obwohl mein Arbeitgeber mich nie gedrängt und mir die Zeit, die ich brauchte, um über den Verlust hinwegzukommen, zugestanden hat, bin ich nach ein paar Wochen wieder zur Arbeit gefahren. Ich hatte Angst, noch depressiver zu werden und den Halt und die Struktur zu verlieren, wenn ich nicht wieder unter Menschen kam. Existenzängste breiteten sich aus. Aber mein Leben fühlte sich nicht mehr wie vorher an. Es war, als wäre etwas in mir zerbrochen, etwas passiert, dass mir selbst mein Vater nicht hatte antun können. Solche Phasen waren mir neu, in denen ich völlig emotionslos war und mich zwingen musste, zu funktionieren. Die Arbeit gab mir in diesem Moment einen gewissen Halt und Stabilität. Ich spürte aber auch, dass ich in vermeintlich gewöhnlichen Alltagssituationen nicht mehr so belastbar war wie früher. Nie zuvor hat mich etwas dermaßen aus der Bahn geworfen wie Nicos Suizid. Banalitäten genügten, um mich aus dem Konzept zu bringen.
Man macht sich auch Gedanken über seinen Bekanntenkreis oder Nachbarn. Viele haben in den schweren Tagen nach Nicos Suizid zwar gefragt, wie es uns geht (wie soll es einem nach einem solch schweren Schicksalsschlag gehen!), aber nur wenige fragten, ob sie uns in irgendeiner Form unterstützen könnten. Andere hielten Abstand, um nicht vorwitzig zu gelten, oder aus Schuldzuweisungen. Wiederum andere, die vorher kaum Kon-

takt zu uns hatten, trugen ihre Neugier offen mit sich. Dann machten Gerüchte ihre Runde, und man ist es ab einem gewissen Punkt leid, sich zu rechtfertigen für etwas, das man nicht hätte verhindern können.

In dem Monat vor seinem Tod hatte Nico vermutlich in der Psychiatrie den Entschluss gefasst, sich das Leben zu nehmen. Er hatte vermutlich für sich eine Entscheidung getroffen. Das könnte der Grund dafür gewesen sein, warum er in den Wochen vor seinem Tod wie verwandelt war, im positiven Sinne. Aber das war nur Tarnung. Er hatte nicht ernsthaft vor, sich eine eigene Wohnung zu suchen, und während ich mit ihm Wohnungen besichtigte, schmiedete er insgeheim Pläne, wie er seinen Entschluss in die Tat umsetzen konnte. Wir haben uns von ihm täuschen lassen, aber wenn wir ihn durchschaut hätten, wäre es nur dadurch zu verhindern gewesen, indem wir ihn eingesperrt hätten. Mit der dauerhaften Unterbringung in einer psychiatrischen Klinik hätten wir ihm keinen Gefallen getan. Er war mit sich im Reinen, als er von uns ging.

Noch heute übermannt mich ab und zu diese Traurigkeit, aber ich kann inzwischen damit umgehen. Ich bin weiterhin in Therapie, aber mittlerweile suche ich meinen Therapeuten nur mehr alle paar Wochen auf.

Brief an meine Freunde

Manchmal ist alles, was wir wirklich wollen, jemand, der unseren Schmerz bestätigt und an unserer Seite steht. In einer Welt, in der wir weitermachen und vergessen sollen ... Ich bin dankbar für die wenigen Menschen in meinem Leben, die mir erlauben, in meinem Tempo zu trauern ... Diejenigen, die stillstehen, wenn sie gebraucht werden, oder sich melden, wenn ich sie zum Reden und Teilen brauche. Ich bin so dankbar, dass ich euch habe ... Ihr seid die Größten.

Sandras Briefe an Nico

Weil mir Nico so gefehlt hat, habe ich Briefe an meinen toten Sohn geschrieben. Um mit ihm zu kommunizieren in der Hoffnung, dass er mich hört. Ist zwar unrealistisch, aber es war so. Manchmal hatte ich das Gefühl, ihm auf diese Weise näher zu sein, als wenn ich sein Grab auf dem Friedhof aufgesucht hätte. Diese Briefe bewahre ich als Erinnerung an Nico auf und möchte sie daher nicht an dieser Stelle veröffentlichen. Dazu passend möchte ich einen Ausspruch des berühmten Philosophen und eines der bedeutendsten Denker des 20. Jahrhunderts, Albert Schweitzer, zitieren: *Das schönste Denkmal, das ein Mensch bekommen kann, steht nicht auf irgend einem Platz, sondern in den Herzen seiner Mitmenschen.*

Brief an diejenigen, die mein Schicksal teilen

Wenn jemand plötzlich aus deinem Leben gerissen wird, verändert sich alles. Niemand sagt einem, wie es sich anfühlt. Früher oder später wird jeder mit dem Tod konfrontiert. Weil mir nie jemand gesagt hat, wie sich das Unvorstellbare anfühlt, habe ich es aufgeschrieben. Du denkst vielleicht, du würdest trauern und weinen, wenn ein geliebter Mensch unerwartet stirbt. Doch das kommt erst später. Erst ist da dein Herz. Es rast unaufhörlich und du zitterst am ganzen Körper. Stundenlang immer und immer wieder. Du bist im Schock. Dein Körper vollbringt eine Höchstleistung, um dich vor dem Schmerz zu schützen. Er lässt nicht zu, dass du all das auf einmal ertragen musst und trotzdem lässt er dich nicht schlafen und keinen klaren Gedanken fassen.

Viele aus meinem Umfeld wussten nicht, was sie tun konnten, um mir zu helfen. Sie sollten einfach da sein, das beruhigte mich. Mich in den Arm nehmen, das tat gut. Mir Essen vor die Nase stellen und darauf achten, dass ich auch esse. Reden hilft auch, rede darüber, die ganze Zeit, so oft du willst oder auch nicht. Erzähl deinen Vertrauten davon, es macht das Geschehene real.

Irgendwann denkst du, jetzt muss der Schock vorbei sein und du kannst endlich trauern und weinen. Das geht nicht immer auf Anhieb. Alles kommt in Schüben. Von den Phasen der Trauer hat vielleicht jeder schon mal gehört, aber nicht, dass dies gar nicht unbedingt in richtiger Reihenfolge abläuft, sondern sich stoßartig abwechselt und du von dem einen Gefühl in das andere katapultiert wirst. Wut, Verdrängung, Verzweiflung, Hoffnung, Angst, die ständige Suche nach dem Sinn, die ganzen WARUM-FRAGEN und sogar ein bisschen Akzeptanz reichen sich von Stunde zu Stunde, manchmal auch von Minute zu Minute, die Hand. Sie strömen auf dich ein, während du ausgeliefert bist und nichts dagegen tun kannst.

Irgendwann merkst du, dass du dich auf kein Gefühl mehr verlassen kannst. Das Nächste wartet schon darauf, in dir zu wüten, und du musst es zulassen. Lass jedes Gefühl zu. Alle haben ihre Berechtigung. Die nächsten Tage und Wochen sind wie ein Film, du stehst neben dir und tastest dich vorsichtig wie durch einen Tunnel vorwärts. Eine Achterbahn aus Gefühlen, aus der du nicht aussteigen kannst und irgendwo in dir wartest du immer noch darauf, dass jemand diese verfluchte Achterbahn anhält und dein Leben normal weitergehen kann. Jetzt sitzt du aber fürs Erste drin und musst da durch, jede Steigung, jeder Abgrund muss passiert werden. Ab und an steigen Menschen zu dir in den Waggon ein und fahren ein kleines Stückchen mit. Manchmal bist du wie betäubt und es macht dir nichts aus, doch dann wiederum suchst du panisch nach der Notbremse. Irgendwann verliert die Achterbahnfahrt ein wenig an Fahrt und du kannst wieder etwas Kraft tanken. Den Mut und die Kraft findest du in der Liebe …

Nicos Beerdigung

Nico wurde am 15. Oktober 2014 auf dem Friedhof seiner Heimatgemeinde beerdigt. Am Tag davor fand in der Kirche das Totengebet statt.

In seinem Abschiedsbrief hatte er den Wunsch geäußert, bei seinem Opa beerdigt zu werden. Dort endet sein letzter Weg in der Urne.

Die Beerdigung fand unter reger Anteilnahme der Bevölkerung statt: Nachbarn, Freunde, seine Vereinskameraden, Arbeitskollegen, Arbeitgeber und Lehrer und viele andere, die alle nicht fassen konnten, dass Nico nicht mehr unter ihnen weilte.

Mit diesem Spruch wurde in der Todesanzeige Nico gedacht – es hätten seine eigenen Worte sein können:

Das, was ich für euch war, bin ich immer noch.
Gebt mir den Namen,
den ihr mir immer gegeben habt.
Sprecht mit mir, wie ihr es immer getan habt.
Lacht weiterhin über das,
worüber wir gemeinsam gelacht haben.
Denkt an mich.
Ich bin nur auf der anderen Seite des Weges.

Nicos Abschiedsbrief

Bei Nicos Leichnam wurde ein Abschiedsbrief gefunden. Er ist mit Dienstag, dem 30. September 2014 datiert. An diesem Tag wurde er zum letzten Mal lebend gesehen und nach der Obduktion in der Gerichtsmedizin geht man davon aus, dass dies sein Todestag ist.

Auszüge aus seinem Abschiedsbrief:

Hallo, dieser weitere Konflikt war nun wieder ein Zeichen, dass es einfach nicht so geht. Es fällt mir nicht schwer, diese Tat nun zu tun, da ich nun eh alles verloren hab, was geht!

Meine Freundin zu verlieren, war schon nicht leicht, und nun dieser Müll.

Viele Wünsche hab ich nicht, nur drei!

1) Alle meine Besitztümer sollen Emil gehören!
2) Nach dieser Tat möchte ich, dass ihr friedlich weiterlebt, so wie ihr's immer wolltet, wenn ich nicht mehr bin.
3) Liste mit Personen, die er sich bei seiner Beerdigung wünscht.

Schreiber dieses Dokumentes bin ich, Nico Kelter, ...
[Anschrift und Telefonnummern]
Liebe Grüße, euer Nico
PS: Emil, es tut mir leid, dass ich dich alleine lasse!
[zwei gezeichnete Herze]

In allen Phasen der Suizidgefahr kann es zu Wutanfällen und destruktivem Verhalten kommen. Diese Stadien finden sich bei allen Formen des Trauerns und offenkundig ebenso bei drohenden und vollzogenen Trennungen.

Letzten Endes sind der Suizid und der Suizidversuch Ausdruck einer großen Verzweiflung. Als einzigen Ausweg, über eine Trennung oder einen unerträglichen Schmerz hinwegzukommen, sieht man nur mehr den eigenen Tod. Aus Nicos Abschiedsbrief geht hervor, dass ihm die Trennung von seiner Freundin sehr nahe ging. Das war aber nicht der Hauptgrund. Es sind viele empfundene Misserfolge und die Perspektive, keinen Platz in dieser Welt zu finden, die ihn umtrieben und was er selbst als »dieser Müll« bezeichnet.

Der Zeitpunkt des Suizids mag spontan gewählt worden sein, die Ausführung an sich aber nicht. Es ist anzunehmen, dass der Entschluss in der Psychiatrie gefasst wurde.

Der Suizid eines jungen Menschen erschreckt uns insbesondere deshalb, da, wie man treffend sagt, der junge Mensch sein ganzes Leben noch vor sich hatte. Wir verstehen nicht, wie ein junger Mann an die Sinnlosigkeit seines eigenen Lebens glauben konnte, wo er sich doch eigentlich im Zustand der Sinnfülle hätte befinden sollen. Stattdessen ist er vor der Unerträglichkeit der scheinbaren Hoffnungslosigkeit geflüchtet und hat durch sein Selbstopfer, wenn nicht seinem Leben, dann doch wenigstens seinem Tod einen Sinn gegeben. Der unmittelbare Sinn besteht bei suizidalen Menschen in der Möglichkeit, sich töten zu können. Diese Sinnhaftigkeit ergibt sich jedoch nur vor dem Hintergrund einer Sinnlosigkeit der derzeitigen Lebenssituation. In der suizidalen Krise wurde Nico deutlich, dass es in seinem Leben um ihn geht.

Quelle: »Sinn und Sinnerfahrung in der Suizidalität«,
Jann E. Schlimme

Bäume der Erinnerung

Nachdem sie festgestellt hatten, wie schwer es ist, professionelle Hilfe nach einem Suizid in der Familie zu erhalten, haben Mario und Sandra das Internet nach Selbsthilfegruppen durchsucht.

Psychotherapeuten verfügen zwar über das fachliche Knowhow, aber im Grunde ist für sie alles Theorie. Sie ersetzen nicht das Gespräch mit Betroffenen, die praktische Erfahrungen mit dem Suizid erlebt haben.

Sandra hat bei ihren Recherchen nach Schicksalsgenossen den Verein »TREES of MEMORY e.V.« entdeckt.

Das gleichnamige Projekt wurde 2016 vom Journalisten Mario Dieringer ins Leben gerufen, sechs Monate nachdem sein Lebensgefährte Suizid verübte. Er wandert seit 31. März 2018 um die Welt und pflanzt »Bäume der Erinnerung« (dt. für »Trees of Memory«) – ein Netzwerk gegen das Vergessen.

Jeder Baum erinnert an einen besonderen Menschen, jemanden, der aktiv seinem Leben ein Ende gesetzt hat. Meist verbergen sich hinter solchen Schicksalen eine unerträglich scheinende Lebenssituation, schwere Erkrankung oder Depressionen. Gemein ist ihnen, dass diese Person für sich keine lohnende Lebensperspektive mehr wahrnehmen konnte.

Jeder Ast, jeder Zweig und jedes Blatt eines Baumes der Erinnerung steht für ein Lächeln, einen Charakterzug, ein Merkmal, eine Umarmung oder für die vielen wertvollen Momente, die man miteinander erlebt hat.

Sandras und Marios Interesse war geweckt, sie nahmen mit dem Verein Kontakt auf und sind ihm im Herbst 2018 beigetreten. Sandras Motivation war es, sich persönlich einzubringen, in Nicos Sinne etwas zu bewegen.

Mario gefällt, dass der Verein sich um grundlegende Angelegenheiten und Sorgen der Hinterbliebenen kümmert. Oft werden in der Gesellschaft weiterhin Suizide und Depressionen stigmatisiert – man spricht nicht gerne darüber. Sandra und Mario wollen sich nicht nur mit Gleichgesinnten austauschen, sondern selbst Anlaufstelle für Betroffene sein.

Mario informierte sich bei der örtlichen Polizeidienststelle, ob es Präventionsangebote gibt und wenn ja, welche. Die Möglichkeiten der Polizei sind allerdings aus vielerlei Gründen begrenzt. Ihrerseits würde sie es begrüßen, wenn es private Hilfsangebote gäbe. Am Abend, als Sandra und Mario von Nicos Suizid erfuhren, war zwar eine Seelsorgerin bis zum frühen Morgen anwesend, aber hinterher gab es keinen Kontakt mehr. Die sogenannten Notfallseelsorger betreuen die betroffenen Hinterbliebenen nur unmittelbar nach dem Suizid, bieten darüber hinaus aber keine weiteren Hilfen an.

Ferner nahm Mario Kontakt zu caritativen Einrichtungen auf, die in den meisten Fällen Kurse zur Trauerbewältigung abhalten, doch dies in der Regel für die Betroffenen, aber nicht aus deren Sicht.

An dieser Stelle kann ein Verein wie TREES of MEMORY e.V. eine wertvolle Ergänzung sein. Dabei handelt es sich um einen eingetragenen und als gemeinnützig anerkannten Verein, mit Sitz in Frankfurt/Main, dem der Schutz der Privatsphäre wichtig ist. Sandra und Mario sind beim Verein als regionale Anlaufstelle für von Suizid betroffenen Leidensgenossen registriert und haben sich auch schon mit Menschen, die ihn ihrer Familie den gleichen, schweren Schicksalsschlag zu verarbeiten versuchen, zum Erfahrungsaustausch getroffen und konnten diesen Menschen behilflich sein.

2019 beteiligten sich Sandra und Mario erstmals am Internationalen Tag der Suizidprävention. Er findet alljährlich am 10. September statt. Hierzu organisierten Sandra und Mario einen Wandermarathon über einen Premiumwanderweg, bei dem die Teilnehmer für jeden gewanderten Kilometer einen selbstbestimmten Betrag spendeten. Beide sorgten in ihrem Bekanntenkreis für weitere Aktionen, so gab es daneben einen Fotowettbewerb, der örtliche Friseurladen sammelte Spenden

und ein Fitnessstudio beteiligte sich mit einem Indoor-Cycling-Marathon. Die Teilnahmegebühr kam TREES of MEMORY e.V. zugute.
Kurz nach Erscheinen des Buches ist in Nicos Heimatstadt eine symbolische Baumpflanzung geplant für Nico und stellvertretend für alle bisherigen Suizide. Sandra wünscht sich einen Kastanienbaum, weil dies Nicos Lieblingsbaum war. Die Kastanie würde sich am vorgesehen Pflanzort prächtig in die Flora der Landschaft einfügen. Der zuständige Landkreis stiftet den Baum, der Verein trägt die Kosten der Plakette.
2019 kandidierte Mario bei TREES of MEMORY e.V. für das Amt des 2. Vorsitzenden, nachdem sich der bisherige Amtsinhaber aus privaten Gründen zurückzog. Die Mitglieder schenkten ihm ihr Vertrauen.
Inzwischen hat Mario für die mediale Präsenz des Vereins gesorgt. Der Radiosender Radio Salü hat über TREES of MEMORY e.V. und Sandras und Marios Engagement berichtet. Ihre bekannte Moderatorin Martina Straten führte ein Interview mit Mario. Ferner berichtete der Saarländische Rundfunk, sowohl im Hörfunk als auch im Fernsehprogramm, kam sogar zu ihnen nach Hause zum Drehen. Die Reportagen wurden im »Aktuellen Bericht« und bei »WIMS – Wir im Saarland« am 6. Juni 2019 ausgestrahlt.
Darüber hinaus hat Mario mit dem saarländischen Innenminister und dem Landeskriminalamt Saarbrücken Kontakt aufgenommen. Ziel ist es, Workshops zum Thema Suizid durchzuführen, zum Beispiel in den Polizeidienststellen. Seitens der Polizei hat Mario ein positives Feedback erhalten. Sie ist ihm dankbar, hierbei einen Ansprechpartner für die Nachbetreuung von Suizidopfern zu platzieren, welche die Notfallseelsorger nicht leisten können.
Im Vordergrund steht der Austausch mit Betroffenen und die angebotene Hilfestellung versteht sich selbstverständlich nicht als Ersatz für eine parallele psychologische Unterstützung. Mario weiß, dass man trotz allem in den meisten Fällen mit der

Trauer alleine bleibt und sie einen bis ans Lebensende begleitet. Der Punkt ist, wie man mit ihr und dem Wissen darum umgeht. Viele Familienmitglieder und Angehörigen von Menschen, die sich das Leben genommen haben, erfahren in den ersten Tagen und Wochen eine hohe gesellschaftliche Anteilnahme, die jedoch mit der Zeit immer mehr nachlässt, bis die Betroffenen mit ihrer Trauer alleine dastehen.
Dabei lässt sich die Trauer nicht abstellen. Sie kehrt immer wieder zurück, oft von einem Moment auf den anderen wie aus heiterem Himmel. Man wird jederzeit von heftigen Gefühlen überwältigt, die man einerseits zulassen, sich andererseits aber nicht von ihnen vereinnahmen lassen soll. Eine intakte Familie ist für die richtige Balance die beste Basis.
Sandra hat am eigenen Leib erfahren, wie schnell man mit Depressionen Bekanntschaft macht, die einen bei jedweder Alltagsaktivität einengt und in ihrem Fall schließlich zum Nervenzusammenbruch geführt hat.
Glücklicherweise erwies sich dieser Kollaps bei ihr als Glücksfall, denn dadurch lernte sie ihre Therapeutin kennen, die mit ihrer Therapie wesentlich dazu beitrug, dass Sandra wieder ein normales Leben führt.
Zu dem eigentlichen Kummer, den die Betroffenen haben, weiß Mario, kommt hinzu, dass man sich ständig beobachtet fühlt. Man fragt sich, was die Nachbarn, Bekannten über einen denken und urteilen. Man schämt sich dafür, dass es einen Suizid in der Familie gegeben hat. In vielen Fällen wird man unter Generalverdacht gestellt, denn irgendetwas wird schon vorgefallen sein, von nichts kommt nichts, niemand begeht grundlos Suizid! Menschen, die man nur flüchtig kennt, glauben plötzlich die Gründe zu kennen und setzen Gerüchte in die Welt, die umso abwegiger sind, je weiter sie verbreitet werden.
Lassen wir TREES of MEMORY e.V. selbst zu Wort kommen. Gedenken an Menschen, die ihr Leben durch Suizid beendet haben und Hilfe für Hinterbliebene sind das Anliegen des Vereins. Um ein größeres Bewusstsein für die Themen Suizid und De-

pressionen (die häufigste Ursache für Suizide) in der Öffentlichkeit und in den Medien zu schaffen, werden Workshops für Journalisten und interessierte Medienvertreter geboten. Neben einer angemessenen Berichterstattung bei Suizidfällen zu erreichen, hofft der Verein mit seinen Workshops auf eine Sensibilisierung, um Nachahmereffekte zu vermeiden.
Der Verein finanziert sich ausschließlich durch Spenden. Jede Form der Unterstützung hilft, Erinnerung zu wahren und das Thema Suizid aus der Tabuzone zu bringen – egal, ob es sich um direkte Geldspenden oder Kondolenzspenden handelt, bei denen statt Blumenschmuck Zuwendungen an die gute Sache erfolgen, oder um testamentarische Zuwendungen.
Wenn auch oft weggesehen wird, Suizid wird zunehmend zu einem Massenphänomen. 2017 haben sich in Deutschland 13 von 100.000 Einwohnern das Leben genommen, das sind auf die Bevölkerungszahl hochgerechnet weit über 10.000 Personen – jedes Jahr! Hinter jedem einzelnen Fall stehen viele Hinterbliebene, die unter diesem Verlust leiden und damit leben.
TREES of MEMORY e.V. bietet diesen Angehörigen eine Plattform für ihre Erlebnisse und eine Perspektive in schweren Stunden. Als Mitglied kann man sich persönlich aktiv einbringen und auch selbst Unterstützung erfahren, Wege zum Umgang mit dem persönlichen Schmerz zu finden.
Durch die Baumpflanzungen wächst die Zahl der Orte, an denen der Suizidopfer gedacht wird. Die Bäume tragen nicht nur Blätter, sondern auch eine Botschaft: Es gibt Hoffnung, es gibt Hilfe, es gibt eine Perspektive! Die Mitglieder leisten, sofern sie das wünschen und sich zutrauen, Hinterbliebenen Hilfestellung, langfristig ihre Trauerphasen zu bewältigen. Sie sind dadurch, dass sie ihr Schicksal teilen, mit den Opfern auf Augenhöhe, wissen haargenau, was sie durchmachen und wie sie sich dabei fühlen. Außerdem stellen sie fundierte Informationen und sich selbst für persönlichen Austausch zur Verfügung, schaffen ein Netzwerk von Betroffenen für Betroffene.

Der Verein klärt auf, wie Suizid entstehen kann, wie Freunde und Verwandte in solchen Situationen reagieren sollten und was Betroffene selbst tun können. Es geht also nicht nur um die reine Nachbetreuung, sondern in gleichem Maße um die Prävention. Das rechtzeitige Erkennen von Suizidgedanken kann verhindern, dass die Gedanken in die Tat umgesetzt werden. Jedermann kann sich an den Verein wenden oder als Mitglied aktiv werden.

Die Bedeutung der Bäume der Erinnerung

- Jeder Baum steht für einen Menschen, der gegangen ist.
- Jeder Baum soll die Gesellschaft auf die Hinterbliebenen hinweisen und mahnen, Menschen mit Depressionen oder Suizidgedanken und ihre Angehörigen nicht weiter zu stigmatisieren und das Tabuthema Suizid nicht weiter unter den Teppich zu kehren.
- Jeder Baum zeugt von der Hoffnung auf ein wieder lebenswertes Leben.
- Durch jeden Baum kann eine neue Verknüpfung mit der verstorbenen Person entstehen. Durch Berührung des Baumes oder bei jeder Betrachtung kehren Erinnerungen zurück und trotzdem darf das Gefühl des Verlustes präsent sein. Ein Baum der Erinnerung hilft bei der Trauerbewältigung und bei der Versöhnung.
- Jeder Baum ist das Abbild einer individuellen Beziehung, Liebe oder Freundschaft. So wachsen noch kleine Bäumchen zu stattlichen Bäumen mit starken Kronen heran und werden wie die Liebe mit dem Alter und der Größe immer schöner.
- Jeder Baum soll Zeichen setzen, dass mentale Erkrankungen behandelbar sind.
- Jeder einzelne Baum ist Teil eines erdumspannenden Ringes von TREES of MEMORY e.V.

Wo gibt es Anlaufstellen?

Die Hilfestellung für Hinterbliebene wird mit ehrenamtlichen Paten organisiert. In verschiedenen Regionen Deutschlands bieten diese ersten Anlaufstellen eine kostenlose Unterstützung an. Die dort ansässigen Vereinsmitglieder stehen, wie im Fall von Mario, für erste vertrauliche und persönliche Gespräche über die Trauer und den Verlust zur Verfügung. Gemeinsam wird geklärt, welche Hilfe in der individuellen, ganz speziellen Situation für die Angehörigen am geeignetsten sein kann. Ganz gleich, ob Selbsthilfegruppen, Therapeuten oder andere Angebote. Die Paten geben Orientierung und unterstützen bei der Kontaktaufnahme.

In vielen Beiträgen von Hinterbliebenen, die sich über das Internet oder persönlich an den Verein gewandt haben, wurde deutlich: Nach einem Suizid fühlen sich die Hinterbliebenen oft völlig hilflos und das soziale Umfeld scheint förmlich zu schwinden. Aktive Unterstützung in dieser Krisensituation war das immer wieder geäußerte Bedürfnis. Wer sich plötzlich inmitten eines Albtraums wiederfindet und mit Verlust und Schmerz zu kämpfen hat, ist oftmals alleine nicht in der Lage, passende Therapeuten oder Selbsthilfegruppen zu recherchieren.

Sämtliche Paten sind Mitglieder des Vereins, oftmals selbst von Suizid im persönlichen Umfeld betroffen. Mit ihrer Erfahrung und Kompetenz stehen sie in der Bewältigung eines solchen Ereignisses bei. Ihre Tätigkeit üben sie unentgeltlich in ihrer Freizeit aus.

Auf der Webseite finden von Suizid Betroffene bundesweit Adressen von Anlaufstellen, Kliniken und Selbsthilfegruppen (siehe Kontaktadressen am Ende des Buches).

Anzeichen für Suizidgefahr

Trotz der Verzweiflung der Betroffenen wie der Angehörigen, trotz der gesellschaftlichen und volkswirtschaftlichen Bedeutung wird weiterhin in allen Gesellschaften das Thema Suizid tabuisiert.

Kaum jemandem ist bekannt,

- dass der Suizid zu den zehn häufigsten Todesursachen gehört,
- dass der Suizid bei jungen Menschen im Alter von 15 bis 35 Jahren die zweithäufigste Todesursache ist,
- dass in der Bundesrepublik Deutschland (alte und neue Bundesländer) die Zahl der Suizidtoten die der Verkehrstoten beinahe um das Doppelte übersteigt,
- dass in einigen Altersgruppen eine eindeutige Zunahme der Suizide zu verzeichnen ist und
- dass selbst im Kindesalter Suizide vorkommen.

Depressionen sind die häufigsten Ursachen für Suizide. Sie rangieren weit über Existenz- und Versagensängsten oder Beziehungsproblemen.

Kränkungen und Aggressionen sind, wie im Falle von Nico, Begleiterscheinungen, die auf einen drohenden Suizid hindeuten können.

Übermäßige Kränkbarkeit muss im Zusammenhang mit mangelhaft ausgebildetem Selbstwertgefühl gesehen werden. Dabei kann sich dieses sowohl in Selbstabwertung als auch in Selbstüberschätzung äußern oder zwischen beiden Zuständen schwanken.

Treffen auf einen solchen Menschen die nahezu jedes Leben begleitenden Belastungssituationen wie unglückliche Lieben, Trennungen, Scheidungen, berufliche Misserfolge oder körperliche Erkrankungen, so reagiert er mit intensiven Gefühlen von Scham, Wut und Rache und letztendlich mit Selbstzerstörung.

Lösungen von Bindungen wie Kränkungen schließen Aggressionen automatisch mit ein.

In einer Reihe von Studien konnte bei Suizidgefährdeten ein erhebliches aggressives Potenzial beobachtet werden, welches nicht nur nach innen, sondern vor allem nach außen gerichtet ist.

Warum sich allerdings bei einer Gruppe von Menschen dieses aggressive Potenzial besonders in Trennungssituationen in erster Linie gegen die eigene Person richtet, kann derzeit nur spekulativ beantwortet werden: Im Trauerprozess tritt diese Aggression ebenfalls auf, richtet sich aber gegen die verstorbene Person und nicht gegen das eigene Ich. Daraus könnte man schließen, dass in Trennungssituationen die Bindung zum anderen nicht zerstört werden darf, denn der andere ist nicht unwiederbringlich verloren. Denkbar ist auch eine zu enge Beziehung zum anderen im Sinne einer Symbiose. Beide Konstellationen führen zu einer Wendung der Aggression gegen das eigene Ich.

Quelle: Dr. med. T. Bronisch, Max-Planck-Institut für Psychiatrie

Therapieformen – Was Hinterbliebene brauchen und was helfen kann

Der Tod durch Suizid lässt die Hinterbliebenen zurück, die von nun an in zwei Zeitrechnungen denken. Die Zeit »davor« und die Zeit »danach«. Sie sind vielem ausgesetzt, was andere Todesformen nicht hervorrufen oder nur unterschwellig. Diese Belastung braucht Zeit und Raum, um verarbeitet werden zu können. Plötzlich ist man Gefühlen und Gedanken ausgesetzt, die einem vielleicht davor völlig fremd waren. Fragen nach dem »Warum« werden laut, das Gefühl, selbst versagt zu haben und Schuld zu tragen, kommt auf. Auch kann das eigene Selbstwertgefühl darunter leiden.

»War ich es nicht wert, dass mein Partner, mein Elternteil, mein Bruder oder meine Schwester, dass sie nicht um meinetwillen weiterkämpften? War meine Liebe nicht gut genug? Was habe ich übersehen? Wann hätte ich anders handeln sollen? Warum wurde ich verlassen?« So oder so ähnlich empfindet und denkt man, wenn man plötzlich »Hinterbliebener nach Suizid« wird. Zudem kann sich die Scham dazugesellen und man möchte nicht darüber reden, versucht es vielleicht sogar zu leugnen. Dies kann jedoch auch darin seinen Ursprung haben, den Verstorbenen selbst zu schützen und sein Andenken wahren zu wollen. Noch immer geht man davon aus, dass die breite Öffentlichkeit denkt, Suizid sei ein sehr egoistisches Handeln. Das Leid dahinter ist für die meisten nicht sichtbar.

Wut ist ebenso Bestandteil der Trauer wie Schmerz und Tränen. Bei Hinterbliebenen nach Suizid kann Wut jedoch verstärkt auftreten, muss es aber nicht. Generell ist eines offensichtlich: Zu den »üblichen« Gefühlen der Trauer ist das eigene Selbst zusätzlich dünnhäutiger und empfindlicher, da das eigene Leben komplett aus den Fugen geraten ist.

Was hilft?

So individuell die eigene Trauer eines jeden Einzelnen ist, so individuell ist auch das, was einem helfen kann. Sich die Gedanken und Gefühle von der Seele schreiben, das innere Chaos mit Farbe auf einer Leinwand sichtbar machen, sich mit anderen Betroffenen austauschen, sich zurückziehen oder in Arbeit stürzen. Professionelle Hilfe zu holen ist immer ein guter Weg, um an die Verarbeitung des entstandenen Traumas heranzugehen.

Menschen, die mit Hinterbliebenen nach Suizid in Kontakt stehen oder kommen, sind oft sehr unsicher. Wie darf ich meinem Gegenüber begegnen? Was darf ich sagen? Manchmal genügt es schon, ganz offen zu äußern, dass einem die Worte fehlen. Eine Umarmung, zur Seite stehen, zuhören. Man kann es vielleicht nicht nachvollziehen, was in den Betroffenen vorgeht, durch Zuhören wird aber manches verständlicher. Betroffene brauchen Zeit, um die große Veränderung, die so plötzlich über sie hereinbrach, den Schmerz und den Verlust in ihrem Dasein zu verarbeiten, zu akzeptieren und einen Weg zu finden, damit leben zu können. Was Hinterbliebene brauchen, ist Zeit und Geduld. Und die Akzeptanz ihrer Veränderung, die Akzeptanz ihrer veränderten Bedürfnisse. Die Betroffenen spüren am ehesten, was sie selbst zum gegebenen Zeitpunkt brauchen. Die Phasen zwischen dem Bedürfnis nach Ruhe oder dem Wunsch nach einer helfenden Hand können sich sehr schnell und häufig abwechseln. Daher ist es hilfreich, wenn Menschen aus dem Umfeld immer wieder anfragen oder vorbeikommen, es jedoch nicht persönlich nehmen, wenn der oder die Trauernde gelegentlich dankend ablehnt. Beim nächsten Anfragen ist es vielleicht schon wieder ganz anders.

Anzeichen und Symptome

Diese Anzeichen können auf einen Suizid hinweisen:

- Abkapseln von Freunden und Familie, Rückzug aus der Gemeinschaft, Freudlosigkeit, Stille
- starke Veränderungen von Ess- oder Schlafgewohnheiten (viel zu viel oder viel zu wenig)
- starke körperliche Veränderungen: Gewicht, Kleidung, Schmuck, Suchtverhalten
- große Hoffnungslosigkeit, Depression oder andere psychische Belastungen
- massive Verschlechterung der schulischen Leistungen
- vorangegangene Suizidversuche oder Suizidäußerungen, direkt oder versteckt, z. B.: »Ich kann nicht mehr« oder »Mein Leben ist sinnlos«.
- Abschiedsbriefe, entsprechende Gedichte, Zeichnungen
- psychosomatische Probleme
- aggressives oder autoaggressives Verhalten

Wie kann ich helfen?

- Zuhören, zuhören, zuhören;
- Geduld und Verständnis zeigen;
- nach konkreten Suizidgedanken und -plänen fragen;
- biete an, die Person zu einem Arzt oder zu einer Beratungsstelle zu begleiten;
- suche Dir Ansprechpartner: Eltern, Lehrer, Beratungsstellen.

Falls Du unsicher bist, sei mutig: Gehe auf die Person zu und frage nach. Dein Mut kann Leben retten!

Gefährdende Faktoren

Es gibt gewisse Anzeichen, die in den meisten Fällen einem Suizid vorangehen. Sollten mehrere der im Folgenden von Fachleuten zusammengetragenen Symptome zusammen auftreten, sind Kinder und Jugendliche gefährdet, die

- das Gefühl haben, anderen im Wege zu sein
- nicht gewollt sind und dies auch zu hören bekommen
- den Verlust eines geliebten Menschen befürchten
- in gewalttätigen Familien aufwachsen
- sexuell ausgebeutet werden
- deren Familie intakt scheint, aber nur, weil sie sich abkapselt und keine Außenkontakte zulässt
- mit Drogen in Berührung kommen
- nach Enttäuschungen von ihren Eltern nicht aufgefangen werden, sondern nur Vorwürfe bekommen
- ständig unter Schulstress stehen
- deren Tage ohne jegliche Höhepunkte vergehen, ohne Feste, ohne Erinnerungen an bestimmte, einzigartige Augenblicke
- bisher vergeblich versucht haben, auf sich aufmerksam zu machen, z. B. durch Lügen oder Stehlen, damit sie endlich wieder beachtet werden, oder weglaufen, um zu testen, ob ihre Eltern sich Sorgen machen
- ständig die Schule schwänzen
- sich in Entwicklungsphasen befinden, in denen sich vieles ändert, z. B. in der Pubertät
- häufig von ihren Eltern leichtfertige Äußerungen hören, wie: »Dann bringe ich mich eben um.«
- so lieb und problemlos erscheinen, dass man glaubt, ihnen keine besondere Beachtung schenken zu müssen, oder die Geschwister unter Depressionen leiden
- schon mal einen Suizidversuch unternommen haben
- selbst einen Autounfall verschuldet haben
- mit dem Gesetz in Konflikt geraten sind

- bereits Suizidfälle in der Familie erlebt haben
- körperliche Gebrechen haben bzw. nicht mit ihrem äußeren Erscheinungsbild fertig werden
- eine geliebte Person verloren haben

Appell an Jugendliche

- Suizidgedanken sind in der Pubertät normal
- Krisen gehen vorüber
- Sprich offen und ehrlich über Deine Probleme
- Zeige Deine Stimmungsschwankungen
- Du bist mit Deinem Kummer nie allein
- Zieh Dich nicht zurück
- Suche eine Vertrauensperson
- Setze dich mit ihr auseinander
- Rede mit vielen Menschen über Deine Probleme
- Schreibe Tagebücher
- Schreibe Gedichte oder Geschichten
- Denke daran: Du bist nie allein
- Suche nach neuen oder anderen Wegen
- Überlege alternative Lösungen
- Wer einmal suizidal war, der ist es nicht ein Leben lang!

Quellen:
»Utopia Blues – Manie, Depression und Suizid im Jugendalter«, Marianne Rutz
Flyer der Organisation U 25

Co-Autor Stefan Blasius über die Entstehung dieses Buches

Lange habe ich das Thema Suizid nur in den Medien wahrgenommen, und dort vorrangig im Boulevard. In regelmäßigen Abständen berichten sie über den Suizid eines Promis, was unterbewusst den Eindruck erweckt, diese Stars und Sternchen litten unter Luxusproblemen: Sie wussten nicht mehr, ihren immensen Reichtum mit vollen Händen auszuschütten oder sie haben die bittere Erfahrung gemacht, dass es Dinge gibt, die unbezahlbar sind und sich auch mit Geld nicht erzwingen oder aufwiegen lassen.

Wenn man sich näher damit befasst und nicht nur in der Yellow Press Informationen sammelt, stellt man fest, dass sich die Beweggründe für den Suizid nicht von denen des gewöhnlichen Bürgers, über dessen Schicksal nur auf regionaler Ebene berichtet wird, allzu sehr unterscheiden. Auch sie stehen unter Druck, müssen sich ständig beweisen, fühlen sich beobachtet, haben kaum ein Privatleben oder werden von Menschen, die ihnen nahestehen, betrogen, enttäuscht, abgewiesen oder gekränkt. Neben Liebeskummer, Existenzängsten, unheilbaren Krankheiten oder dem Zugrundegehen an einer Schuld, die man auf sich geladen hat, spielt jedoch das Thema Depression eine weit größere Rolle.

Aufmerksam darauf wurde ich im Fall des Fußballtorhüters Robert Enke. Als sich seine Frau nach dessen Suizid mit diesem Thema, das verdrängt und geheimgehalten wurde, an die Öffentlichkeit wagte, rückte mir ins Bewusstsein, dass Depressionen mehr bedeuten, als launenhaft, unsicher, ängstlich oder panisch zu sein. Tatsächlich sind Depressionen bei weit über der Hälfte aller Suizide der Auslöser. Wer gegen seine Depressionen ankämpft, ist sich bewusst, dass er im Grund genommen sich selbst bekämpft. Das ist aus medizinischer und psychologischer Sicht tragisch, aber – philosophisch betrachtet – bedeutet

es auch Hoffnung, denn wenn man gegen sich selbst kämpft, müsste man stets als Sieger hervorgehen.
Dann kamen die Einschläge immer näher. Als ich von Nicos Suizid erfuhr, war er zwar nicht der Erste in der Nachbarschaft, der sich das Leben genommen hat, aber der Erste, den ich nicht nur vom Sehen kannte, sondern mit dem ich mich oft unterhalten hatte und der nie auf mich wirkte, als würde er auch nur entfernt an Suizid denken. Aber wenn man sich nur flüchtig kennt, vermag man sich noch weniger in jemanden hineinzuversetzen als ein Nahestehender.
Nico habe ich auf dem Bahnsteig kennengelernt. Ich fuhr mit dem Zug zur Arbeit nach Saarbrücken, er dorthin zur Berufsschule. Manchmal haben wir uns nur auf dem Bahnsteig unterhalten, manchmal saßen wir im Zug zusammen. Wenn ein Bekannter seines Alters mitfuhr, habe ich mich zurückgezogen, weil er, so dachte ich, sich lieber mit gleichaltrigen Jungen und Mädchen unterhält als mit jemandem in seines Vaters Alter.
Nachdem wir uns ein paar Mal auf dem Bahnsteig begegnet sind und ich ihn nicht zuordnen konnte, habe ich ihn nach seinem Namen gefragt, denn es wäre durchaus denkbar gewesen, dass ich mit seinen Eltern die Schulbank gedrückt habe. Beim Namen Kelter fiel mir sofort ein Junge mit diesem Familiennamen aus der gleichen Grundschulklasse ein. Es stellte sich heraus, dass es sich um einen seiner Onkel handelte. Sein Vater Mario war mir auch bekannt – er war drei Klassen unter mir –, hatte ihn aber seit der Schulzeit kaum mehr gesehen. Der Clou war, dass Nico mit seinen Eltern sogar in unmittelbarer Nachbarschaft von mir wohnte – nachdem die Familie dort ein Haus erworben hatte – ohne dass er oder sein Vater mir aufgefallen sind. Das offenbart, wie wir uns immer häufiger in unsere eigene Komfortzone zurückziehen und die Dorfgemeinschaft sich hin zu einer Gemeinschaft von Individuen entwickelt. Man wohnt im Dorf, aber man lebt nicht dort!
Meine Unwissenheit mag damit zu erklären sein, dass die Kelters in einer Seitenstraße wohnen, durch die man, da es sich

nicht um eine Durchgangsstraße handelt, gewöhnlich weder mit dem Auto fährt noch spaziert, es sei denn, man wohnt dort oder erscheint zu Besuch.

Ich erinnere mich nur schemenhaft an unsere Gespräche auf dem Bahnsteig, zum Beispiel, dass Nico das Leben einmal mit einer Zugfahrt verglich, deren Ziel man kennt, aber zuvor aussteigt. Nico war kein Philosoph, es ist kein Zitat, mir stellt es sich nur anhand seiner scharfen Auffassungsgabe und meist bedacht gewählten Ausdrucksweise so dar. Sinngemäß erwähnte er einmal, dass er im Zug selten aus dem Fenster schaue, weil er die Strecke auswendig kenne und die Landschaft immer die gleiche sei, abgesehen von den Jahreszeiten, die sie in einem anderen Licht erscheinen lassen. Interessanter seien die Menschen. Morgens, wenn fast immer die gleichen Pendler und Schüler mitfahren, weniger als nachmittags auf der Heimfahrt, wenn ständig neue Gesichter ein- und aussteigen.

Ich fragte ihn, was er daran so interessant finde und er antwortete, dass er darüber nachdenke, ob sie die gleichen Gedanken haben, ob sie zufrieden sind oder eher nicht oder auf ein Erlebnis hoffen, das eine Wendung im Leben bringt.

Ich habe ihm erzählt, warum ich jeden Tag im Zug sitze, war mir aber nicht klar, ob er mich bloß veralbert. Etwas seltsam war es zuweilen schon, sich mit Nico zu unterhalten.

Im Nachhinein denke ich, dass Nico wusste, wo der Zug, das Leben, endet, er aber überlegte, dies nicht abzuwarten, sondern unterwegs auszusteigen oder die Notbremse zu ziehen.

Als mich Mario Kelter im Herbst 2019 ansprach und fragte, ob ich ihm und seiner Frau dabei behilflich sein könnte, ein Buch über Nico zu schreiben, worin sie den Suizid ihres Sohnes, dem sie es zu widmen gedachten, verarbeiten sowie Menschen mit dem gleichen Schicksal Mut machen wollten.

Im ersten Moment war ich überrascht, hatte ich zuletzt doch eher unter meinem Alter Ego »Stiwwel vom Hiwwel« mit makabrem Humor auf mich aufmerksam gemacht. Umso mehr fühlte ich mich geehrt, stellte die Anfrage immerhin einen hohen Vertrauensbeweis dar und sie bedeutete für mich die Chance, mich von der ernsten und »seriösen« Seite zu präsentieren, die in Wahrheit meinem wahren Wesen entspricht. Die meisten Clowns sind von Grund auf albern, unter der Verkleidung sind sie nachdenklich und sensibel, siehe Charlie Chaplin.

In einem zweiten Gespräch bereitete Mario mich darauf vor, dass es stellenweise sehr heftig werden könnte, denn er und Sandra, die die Idee zu dem Buch hatte, würden offen und schonungslos über ihre Erfahrungen Auskunft erteilen und aus ihren Herzen keine Mördergrube machen. Es sollte ein ehrliches Buch werden, ohne Schönreden oder Verklären. Ob ich mir dies wirklich zutraue? Sie hätten es verstanden, wenn ich unter diesen Umständen einen Rückzieher unternommen hätte, aber ich musste kein zweites Mal darüber nachdenken und war bereit, das in mich gesetzte Vertrauen zu erfüllen und mich dem heiklen Thema mit dem erforderlichen Ernst, ohne Parodieren, anzunehmen. Eine zweite Chance, so weit in die Thematik vorzudringen, würde sich vielleicht nie mehr bieten und als nebenberuflicher Autor würde ich davon nur profitieren.

Abgesehen davon hatte ich ein persönliches Interesse an dem Thema Suizid. In meinem ersten Roman, »Die Frau vom Bostalsee«, ist ein Suizid der Auslöser, der die Handlung in Gang setzt. Nur verhält es sich umgekehrt: Die Mutter nimmt sich das Leben und der Sohn, mein Protagonist, kehrt zurück an den Ort seiner Kindheit, weil er dort die Ursache vermutet und sich auf Spurensuche begibt.

Der Roman erschien drei Jahre nach Nicos Suizid, wurde aber nicht von diesem inspiriert, da ich die Idee und den ersten Entwurf bereits Jahre zuvor, bevor ich Nico kennenlernte, geschrieben habe. Natürlich hat es mich stets interessiert, warum sich Nico das Leben genommen hat, aber nicht um eine Sensationsgier zu befriedigen, sondern weil ich es verstehen wollte. In meinem Buch habe ich mir eine Geschichte zusammenfantasiert, nun hatte sich ein Suizid in der Nachbarschaft ereignet, den ich mir nicht erklären konnte, ja geradewegs sinnlos und unangemessen erschien, wobei man trefflich darüber streiten kann, ob ein Suizid jemals angemessen oder verhältnismäßig ist.

Ich habe mich aber nie getraut, Mario gegenüber mein Interesse zu bekunden. Indiskret und taktlos sind noch harmlose Adjektive, die ein solches Vorgehen beschreiben. Es wäre mir wie ein Affront vorgekommen, ein Tabubruch, oder um es bildlich auszudrücken, als würde ich mit dem Messer in einer offenen Wunde bohren und fragen, ob's wehtut. Dass die Initiative schließlich von Mario und Sandra Kelter ausging, legitimierte mein Interesse und eliminierte meine Gewissensbisse. Wie mir bei den vielen Gesprächen im Haus oder im Garten der Kelters klar wurde, hätten sich Mario und Sandra gewünscht, dass jemand ehrliches Interesse zeigt oder seine Hilfe bei der Trauerbewältigung anbietet. Oder jemand, der nachvollzieht, dass das komplette Leben auf den Kopf gestellt wird, wenn eines Abends die Polizei an der Tür klingelt und die Beamten eröffnen, dass der Sohn nicht mehr nach Hause kommen wird.

Wir maßen uns oftmals an, Bescheid zu wissen. Dabei streift unser Auge nur über die Oberfläche, konsumiert bloß. Einen Nutzen aus dieser Flut an Reizen und Informationen gewinnen wir aber erst in unserem Innern, wenn wir den Verstand einschalten oder unserem Herzen folgen. Wie bei einer Frucht liegt der Kern verborgen unter einer Schale.

Neben dem Verlust des geliebten Sohnes schmerzte vor allem der Generalverdacht, das subjektive Gefühl ständiger Beobachtung.

Wo gehobelt wird, fallen Späne. Warum hat sich Nico das Leben genommen? Da muss doch etwas faul sein? Die Ursache liegt doch gewiss im Elternhaus! Diese Fragen wurden selten offen ausgesprochen, manchmal aber doch, und dann von Menschen, denen es man am wenigsten zugetraut hat.

Es war von Anfang an klar, dass sich das Buch nicht nur um Nico drehen würde, sondern ebenso um die Zeit nach dem Suizid,

wie Mario und Sandra diese Phasen erlebten, die ihren Alltag bestimmten und veränderten.
Wenn man sein Kind bei einem Unfall, einem Unglück oder durch ein Verbrechen verliert, ist das Todes- oder Mordopfer stets die getötete Person. Anders verhält es sich bei einem Suizid. Hier spricht man bei den Hinterbliebenen von Suizidopfern. Und darum geht es auch in diesem Buch: Den Schmerz, den der Verlust des Kindes auslöst und der niemals endet. Man kann ihn nur akzeptieren und darf sich nicht von ihm bestimmen lassen. Es ist vollkommen legitim, wenn die Eltern wieder ein »normales« Leben und den Alltag meistern wollen.
Leider werden Suizidopfer häufig stigmatisiert. Wer hat sich nicht einmal die Frage gestellt, warum die Eltern eines Kindes, das Suizid begangen hat, ein Restaurant oder eine Kinovorstellung besuchen oder in Urlaub fahren, als sei nichts vorgefallen? Ist das wirklich, was wir von Suizidopfern erwarten? Sollen sie sich verkriechen, sich aus dem öffentlichen Leben zurückziehen und ihren Schmerz wie ein Makel verbergen? Versetzen wir uns doch einmal in ihre Lage! Was würden wir uns an ihrer statt wünschen? Man trauert mit dem Herzen und muss keine für alle sichtbaren Rituale nach außen tragen. Ein Suizid in der Familie verlangt keine Sippenhaft. Vergessen wird man ihn nie, man kann ihn allenfalls vergeben, verzeihen und verstehen.
Mir fällt in diesem Kontext ein Zitat der US-Schauspielerin Meryl Streep ein, das zwar in einem anderen Zusammenhang fiel, aber dennoch zur Situation passt:
»In der Minute, in der du anfängst, dir darüber Gedanken zu machen, was andere Leute von dir denken, hörst du auf, du selbst zu sein!«
Wem ist schon bewusst, dass die Abkehr von der Normalität ein Nährboden für Depressionen ist? Sie sind keine Einbildung. Manch einer setzt depressive Menschen mit Hypochondern gleich. Depressionen sind aber real, ihre Gründe mögen irrational sein und in einer gestörten Wahrnehmung der Umwelt liegen, aber die Betroffenen leiden darunter wie andere unter

Migräne. Depressionen können jeden jederzeit ereilen. Autogenes Training, Meditieren und gewisse esoterische Methoden mögen Depressionen vorbeugen, aber letzten Endes verhält es sich wie beim Krebs, den man durch Vorsorgeuntersuchungen nicht verhindern, sondern nur rechtzeitig erkennen kann.
Dass Depressionen keine Hirngespinste sind, habe ich am eigenen Leib erfahren. Glaubte ich mich bis vor Kurzem so stark gefestigt und lebensbejahend, hat mich die Corona-Krise eines Besseren belehrt. Die Arbeit an diesem Buch wurde von dem plötzlichen Lockdown überschattet, der in rasantem Tempo innerhalb sehr kurzer Zeit das gewohnte öffentliche Leben beinahe zum Erliegen brachte oder schwerwiegenden Veränderungen unterwarf, die es sogar erforderlich machten, zeitweise einzelne verfassungsmäßig garantierte Grundrechte außer Kraft zu setzen. Arbeitstreffen waren nicht mehr möglich, per Mail und Telefon mussten wir uns austauschen, wobei gerade die erzwungene Distanz bei diesem sensiblen Thema, das eine vertraute Nähe erfordert, kontraproduktiv war.
Die Reduktion auf das Essenzielle, die Erkenntnis, plötzlichen Veränderungen ohnmächtig unterworfen zu sein, hat den Schutzschild um meine Komfortzone deaktiviert. Wo Depressionen dafür sorgen, dass man sich von seinen Freunden abnabelt und sich in seine kleine Schutzzone zurückzieht, haben dies in der Corona-Krise Ausgangsbeschränkungen und Kontaktverbote übernommen. Die unfreiwillige Isolation, der Verlust sozialer Kontakte durch Versammlungsverbote und Homeoffice haben zu einer Sinnkrise geführt. Die Folgen einer Depression haben sich quasi zu den Ursachen für die Depression umgekehrt. Es stellt sich die berühmte Frage nach dem Huhn und dem Ei. Was kam zuerst? Die Depression oder die Krise? Kohärieren sie nicht etwa?
Zu verfolgen, wie in den sozialen Medien die beiden Extreme – auf der einen Seite die blinden, unkritischen Befürworter und Erfüllungsgehilfen jeder verordneten Maßnahme und auf der anderen Seite die Verschwörungstheoretiker und alles in-

frage stellenden Unruhestifter – verbal miteinander auf dem Rücken der breiten, unsicheren und mit der Situation überforderten Masse, umgehen, verschärft die Angst vor den Folgen des Lockdowns. Dazu tragen auch uneinige Politiker, Wissenschaftler und Experten, die seit Beginn der Krise medial überrepräsentiert sind und in Talkshows zu Medienstars avancieren, ihr Scherflein bei. Das Corona-Virus ist ein unerforschter und unsichtbarer Feind, eine unbekannte Gefahr, mit der wir erst lernen müssen, umzugehen. Für mich stellt es sich als eine Metapher auf Depressionen dar. Es war erschreckend, sich einzugestehen, wie schnell man an seine eigenen Grenzen stößt und irrational handelt oder auch nur denkt.

Psychiater und Psychologen erwarten übrigens in der Corona-Krise und durch ihre Folgen einen Anstieg der Suizidrate.

Ich habe Nicos Beerdigung beigewohnt. Selten kann ich mich an eine so zahlreich besuchte Bestattung erinnern. Aber trotz der hohen Anteilnahme der Bevölkerung habe ich bei dieser Beerdigung etwas Unheimliches verspürt. Im inneren Ring standen Nicos Familie, seine Verwandten und Bekannten, im äußeren Ring die Trauergäste, aber es schien mir, als befände sich zwischen beiden Ringen eine unsichtbare und unüberwindbare Barriere. Es ist einfacher, Anteilnahme zu zeigen, wenn jemand beerdigt wird, der auf »natürliche« Weise (Unfall, Krankheit, altersbedingt usw.) verstorben ist, als bei einem Suizid. Es gibt keine Knigge, die ein bestimmtes Verhalten in einem solchen Fall empfiehlt.

Der Suizid hält uns einen Spiegel vor. Was wir darin sehen, ängstigt uns. Es ist eine unbekannte Gefahr, die uns heimtückisch wie ein Virus befällt und Erklärungen verlangt, auf die wir keine Antwort haben. Diese ganze Wucht, die einen wie einen Kometen aus der Bahn wirft, habe ich in dem leeren Blick von Sandra entdeckt, deren Verstand sich geweigert hat, zu akzeptieren, dass es ihr Sohn ist, dessen Asche sich in der Urne befindet. Einerseits mit Medikamenten ruhiggestellt, andererseits dennoch so präsent und ergriffen, gelang es ihr, den Rest der Trauerzeremonie nur im Sitzen zu ertragen, gestützt von ihrem, beziehungsweise angelehnt an ihren Mann. Dieser war, allen erkennbar, bemüht, Haltung zu bewahren und Stärke zu zeigen, in einem Moment, in dem man am liebsten aus vollem Halse seine Wut über die Gnadenlosigkeit des Schicksals zum Himmel empor schreien und ein überdimensionales Fragezeichen als Kondensstreifen auf ihn malen würde.

Bei all dieser Verbitterung mag ich mir nicht vorstellen, in welche Turbulenzen Eltern geraten, deren Kind beim Suizid vorsätzlich unbeteiligte, unschuldige Menschen mit in den Tod gerissen hat, zum Beispiel bei einem Amoklauf. Oder deren Tod billigend in Kauf genommen hat, zum Beispiel durch Lenken eines Fahrzeugs in den Gegenverkehr oder eine Geisterfahrt. Wie stark ist in diesem Fall erst die Stigmatisierung ausgeprägt und welche Dämonen erwachen aus ihrem Schlummer?

Wenn ich ihn auch als ernsten und nachdenklichen Jungen kennengelernt habe, war meine erste Annahme für Nicos Suizid Liebeskummer. An der Schwelle zum Erwachsenwerden und den ersten Liebesenttäuschungen, wenn man noch nicht gelernt hat, Kränkungen, Verletzungen und Demütigungen ohne angeknackstes Selbstbewusstsein zu verkraften, erschien mir dies plausibel, wenngleich ich dafür keine Anhaltspunkte hatte, denn so nahe stand ich ihm nicht. Erst bei der Entstehung dieses Buches habe ich erkannt, dass ich mich mit meiner Annahme auf dem Holzweg befunden habe. In den Gesprächen mit Mario und Sandra Kelter wurde mir erst bewusst, dass Nico unter Depressionen litt und psychologisch behandelt, beziehungsweise betreut wurde. Insofern hinkt obiger Vergleich ein wenig, denn wer bei einem Suizid absichtlich andere Menschen mit in den Tod reißt, der leidet seltener an Depressionen, sondern ist eher von Hass geleitet oder unterliegt eventuell einer übersteigerten Form von Narzissmus, sofern er kein japanischer Kamikazeflieger ist.

Um diese Stigmatisierung zu entkräften, finde ich das Umdenken der Kirche wichtig, die in den letzten Jahrzehnten ihre

Haltung zum Suizid geändert hat. Ich bin zwar nicht informiert, wie sie sich offiziell dazu bekennt, aber zumindest verwehrt sie den Hinterbliebenen nicht mehr ein kirchliches Begräbnis und eine Messe inklusive Totengebet, was auch im christlichen Kontext selbstverständlich sein sollte.

Den offiziellen Grund für die einstige Härte gegenüber den Suizidopfern kenne ich nicht, aber ich vermute, es hängt damit zusammen, dass die Kirche es für eine der größten Sünden hält, sich selbst das Leben zu nehmen, weil man sich dadurch über Gott erhebt, der alleine in seiner Allmacht über Leben und Tod entscheidet. Wer Gott spielt, erliegt den Verlockungen des Teufels. Er wechselt zur dunklen Seite der Macht.

Ausgerechnet das intelligenteste Lebewesen auf diesem Planeten ist das einzige, das sein Leben selbst beendet. Nicht einmal die oftmals zitierten Lemminge tun dies. Es ist ein Märchen, dass sie sich zu Abertausenden von den Klippen ins Meer stürzen. Die Wahrheit ist, dass sie sich bei der Wanderung zum Meer tottrampeln bei der Futtersuche aufgrund ihrer hohen Population und dem begrenzten Futter, das nicht für alle reicht. Als in den Fünfzigerjahren Disney einen Film über die Lemminge drehte, haben Mitglieder der Filmcrew einige Tiere über die Klippe geworfen und dabei gefilmt oder einen Teil der Massen so geleitet, dass die Tiere keine Wahl hatten als von der Klippe zu stürzen. Aber dieser Fake prägt den Ruf der Lemminge bis heute. Im Grunde genommen haben sich die Leute von Disney schlimmer verhalten als eine Gruppe skandierender Schaulustiger vor dem Hochhaus, die den Lebensmüden oben am Rand des Daches zum Sprung auffordert. Die Lemminge sind demnach weder wahnsinnig noch dem Harakiri zugeneigt.

Ich kann mir Nicos Abschiedsbrief noch so oft durchlesen, ich entdecke darin keinen Hass, keine Wut, allenfalls Verzweiflung. Er klagt nicht an, schiebt die Verantwortung für sein Handeln nicht auf andere, er beklagt sich allenfalls, bedauert. Obwohl einem die Traurigkeit zwischen den Zeilen beim Lesen ins Auge springt, erweckt der Text dennoch den Eindruck, dass Nico in

dem Moment, in dem er ihn verfasst hat, mit sich selbst im Reinen war. Der Tod bedeutete für ihn keine Flucht, sondern eine Befreiung, die Freifahrtkarte zu einem Ort, an dem er frei von Kummer ist.
Wo andere in ihrem Abschiedsbrief mit den Menschen, die sie zu diesem Schritt veranlasst haben, abrechnen oder vielleicht zum ersten Mal in ihrem Leben ihre eigene Meinung schonungslos vertreten, sich ihre letzten Gedanken von der Seele schreiben und ihrem Herzen Luft verschaffen, stellt Nico klar, dass er niemanden für seinen Entschluss verantwortlich macht. Er will mit seinem Tod niemanden bestrafen, im Gegenteil, er fordert die Hinterbliebenen auf, »friedlich weiterzuleben, wie ihr es immer wolltet« (er erwähnt nicht explizit, wen er mit »ihr« meint und der Brief ist auch nicht an eine oder mehrere bestimmte Personen adressiert, aber es ist davon auszugehen, dass er seine Eltern damit gemeint hat).
Mit Nicos Wunsch möchte ich meine Gedanken zu diesem Buch ausklingen lassen. Ich schließe mich ihm an und wünsche den Hinterbliebenen, seinen Tod nicht zum Anlass gegenseitiger Schuldzuweisungen zu nehmen, sondern gemeinsam über einen Menschen zu trauern, der viel zu früh gegangen ist, dem noch alle Chancen offenstanden und der den Großteil seines Lebens noch vor sich hatte, der aber den Blick für die schönen Seiten des Lebens verloren hat. Unter den verhärteten Fronten innerhalb der Verwandtschaft hat er offenkundig still gelitten und sich zuweilen zwischen zwei Stühlen wiedergefunden.
Gewiss, ich spekuliere. Als Außenstehendem fließt das leicht von der Feder, aber klingt es denn so weit hergeholt, dass Nico im Suizid nicht nur den eigenen Befreiungsschlag gesehen hat, sondern dass er die Hinterbliebenen zum Nachdenken anregen wollte? Hat er sich nicht gewünscht, dass sie aufeinanderzugehen, anstatt sich zu entfremden und weiter voneinander zu entfernen?
Wenn das keinen Sinn ergibt, dann war sein Tod nur der Abpfiff eines Geisterspiels. Beleuchtet man seinen Suizid aus diesem

Blickwinkel, dann hat sich Nico für das Glück der anderen geopfert, dann kulminiert in seiner Tat nicht die schlimmste Form von Egoismus, sondern sie erweist sich als ein Akt bedingungsloser Hingabe. Das war seine Bestimmung, und sobald er das erkannte, war er losgelöst und frei von allem Kummer. Die auffällige Wesensveränderung in den letzten Tagen seines kurzen Lebens war die perfekte Tarnung für seinen Plan. Das Vortäuschen des Therapieerfolges führte aber auch dazu, dass sein finaler Schritt bei den Hinterbliebenen eine enorme Fassungslosigkeit hinterließ.
Nico mag sich in dem Augenblick, als er den Abzug betätigte, als Märtyrer empfunden haben.

Danksagung

Ein ganz dickes Danke an Dich, Stefan Blasius, für die tolle Zusammenarbeit und den Mut, den es brauchte, um mit uns dieses Buch zu schreiben. Ich weiß, es war eine enorme und schwierige Herausforderung, die du aber bravourös gemeistert hast. Du warst mit deinem ganzen Herzen dabei.

Vielen Dank für Dein Vertrauen und Deine Unterstützung. Danke an meinen Schatz Mario (Mubbes), der in der schlimmsten Zeit meines Lebens immer an meiner Seite stand und mich niemals aufgegeben hat. Wir zwei kennen uns in- und auswendig – unsere guten und auch unsere schlechten Seiten. In den vergangenen Jahren haben wir viel zusammen erlebt. Unsere Ehe stand auf des Messers Schneide. Alle meine Rückschläge hast Du hingenommen. Doch Du hast immer gekämpft, um unsere Liebe am Leben zu erhalten. Ohne Dich hätte ich es niemals geschafft. Danke, dass Emil, Du und ich wieder eine glückliche Familie sein dürfen. Du bist meine Stütze, mein Fels in der Brandung. Ich liebe Dich.

Danke an meinen treuen Freund Bono. Als du als kleiner Welpe zu uns kamst, wusste ich noch nicht, dass du mir eines Tages das Leben retten wirst. Du hast mich vor einem schlimmen Fehler bewahrt. Heute sind wir ein unschlagbares Team.

Danke an meine Therapeutin Jutta (gute Fee). Trotz verschiedener Differenzen hast du immer an mich geglaubt. Es tat gut, einen Menschen zu haben, dem man voll und ganz vertrauen konnte. In meinen Therapiestunden wusste ich, dass ich nie wirklich alleine war. Du warst eine von wenigen, die für mich da war, als ich mich schon längst aufgegeben hatte. Über meiner Seele lag ein dunkler Schatten, doch dank Deiner Hilfe konnte ich ihn zum Teufel jagen.

Danke an alle meine Freunde, bei denen ich so sein konnte, wie ich bin. Ihr habt mich nie im Stich gelassen und mir immer wieder Hoffnung gemacht. Es gab Zeiten, da war ich unerträglich

und ihr musstet einiges mit mir aushalten. Auch ihr habt einen großen Teil dazu beigetragen, dass ich heute wieder am Leben teilhaben kann.
Vielen Dank an alle, die in mir stets das gesehen haben, was ich heute bin.

Herzlichst Sandra, im Sommer 2020

Danke an meinen Sohn Emil und an meine Frau Sandra, die mir immer wieder die Kraft gaben, über diese schwere Zeit hinwegzukommen.
Danke an meinen Arbeitgeber, den Verband der Ersatzkassen (Vdek), für das Überlassen von Zeit und Raum, um weiterhin meiner Tätigkeit nachzugehen. Insbesondere gilt hier mein Dank dem Geschäftsführer der Landesvertretung Rheinland-Pfalz/Saar und meiner direkten Vorgesetzten im Koordinationsbüro.
Danke an meine Kolleginnen und Kollegen sowie an meine Freunde und Bekannten für Ihre Unterstützung.

Herzlichst Mario, im Sommer 2020

Wir danken Tom Störmer von der Edition Schaumberg, der an unser Projekt geglaubt und es ins Verlagsprogramm aufgenommen hat, so dass es nun in Buchform vorliegt.

Sandra und Mario Kelter, im Sommer 2020

TREES of MEMORY e.V.
www.treesofmemory-ev.com
Der gemeinnützige Verein gibt Menschen, die einen Angehörigen durch Suizid verloren haben, eine neue Lebensperspektive (siehe ausführliches Kapitel in diesem Buch).

AGUS (Angehörige um Suizid)
www.agus-selbsthilfe.de
Der gemeinnützige Verein bietet Beratung und Selbsthilfegruppen für Trauernde nach einem Suizid, für Menschen, die beruflich mit dieser Todesart in Berührung gekommen sind oder für Eltern, Erzieher, Lehrer, Ärzte, Pfarrer etc., von denen kompetente Hilfe zu diesem Thema erwartet wird.

U25 – Online-Suizidprävention
www.u25.de
U25 ist eine Mail-Beratung für suizidgefährdete Jugendliche bis 25 Jahre. Du wirst dort kostenlos und anonym von speziell ausgebildeten Peers (dt. Gleichaltrigen, Ebenbürtigen) zu den Themen Suizid und Depression beraten.

Telefonseelsorge
www.telefonseelsorge.de
0800/111 0 111 oder 0800/111 0 222
Die Telefonseelsorge berät am Telefon (kostenlose Hotline), per Mail oder im Chat.

Neue App zur Suizidprävention gestartet:
Ein Notfallkoffer für die Hosentasche – on- und offline
Der KrisenKompass ist eine App, die dank ihrer Funktionsweise eine Art Notfallkoffer für Krisensituationen ist. Mit verschiedenen Funktionsweisen wie Tagebuchfunktion und persön-

lichen Archiven, um positive Gedanken oder beispielsweise Fotos, Erinnerungen oder Lieder zu speichern, kann ein ganz persönliches Rüstzeug für schlechte Momente gepackt werden. Darüber hinaus gibt es Materialien, die in Krisensituationen hilfreich sind, Hinweise zu beruhigenden Techniken, sowie direkte Kontaktmöglichkeiten zur Telefonseelsorge und anderen professionellen Anlaufstellen. Das Angebot des KrisenKompasses ist als App jederzeit in Griffweite auf dem Handy und damit immer dabei, wenn es nötig wird.

Literaturhinweise

Solveig Böhle: Damit die Trauer Worte findet, Gespräche mit Zurückbleibenden nach einem Suizid, 1. Aufl., Fischer-Scherz, 1992, ISBN: 9783423351058.
Pam Metzeler, Anna Castronovo: Dark Way – Die Geschichte eines Suizids, 1. Aufl., BoD, 2018, ISBN: 9783748128489.
William Paul Young: Die Hütte – Ein Wochenende mit Gott, 23. Aufl., Ullstein, 2011, ISBN: 9783548284033.
Helga Mend: Ein letzter Brief zum Abschied – Mein Weiterleben nach dem Suizid meines Sohnes, 1. Aufl., Magic Buchverlag, 2017, ISBN: 9783936935448.
Roland Kachler, Christa Majer-Kachler: Gemeinsam trauern – gemeinsam weiter lieben. Das Paarbuch für trauernde Eltern, 1. Aufl., Kreuz, 2013, ISBN: 9783451611711.
Johannes Thomas: Im Schatten deines Todes: Wege durch die Trauer nach einem Suizid, Gütersloher Verlagshaus, 2004, ISBN: 9783579068015.
Alexander Pointner, Angelika Pointner: Mut zur Klarheit – woher die Kraft zum Weitermachen kommt, 1. Aufl., Seifert Verlag, 2017, ISBN: 9783902924698.
Petra Würth: Und nichts ist mehr, wie es war – Zeit der Trauer, 1. Aufl., 2001, Kawohl Verlag für Jugend und Gemeinde, ISBN: 9783880877368.
Dona Kujacinski: Unser Kind ist tot – Mütter und Väter erzählen von Verlust, Schmerz und Hoffnung, 1. Aufl., Quadriga Verlag, 2014, ISBN 9783869950662.
Nova Meierhenrich: Wenn die Liebe nicht reicht, 1. Aufl., Verlag Edel-Books, 2018, ISBN: 9783841906366.